Estudio de la Biblia para principiantes

Comprenda lo esencial con explicaciones sencillas para principiantes

Índice de contenidos

Introducción

Muchas personas se acercan a la Biblia en búsqueda de respuestas a varias preguntas, por la sed de conocimiento o simplemente porque se tropiezan con ella por casualidad. Sin embargo, independientemente del motivo inicial, suelen llegar a la misma conclusión: la Biblia es un tesoro escondido. Está llena de sabiduría intemporal, lecciones prácticas e historias perspicaces aplicables a todos los ámbitos de la vida.

Sin embargo, leerla no siempre es fácil y la gente suele darse por vencida al encontrarla demasiado compleja para entenderla. *¿Por dónde empezar?* Es una pregunta habitual. ¿Está usted atascado preguntándose por dónde empezar su exploración de la Biblia sin sentirse abrumado?

Este libro fue escrito para borrar esa preocupación y facilitarle el acceso a los tesoros de la Biblia. *Estudio de la Biblia para principiantes* es más que un libro; es una guía que lo lleva de la mano y le ayuda a navegar por las historias y enseñanzas intemporales de las páginas de la Biblia. Lo guía a través de las revelaciones de los capítulos más importantes: *Génesis, Éxodo, Salmos, Proverbios, Mateo, Romanos, Hebreos,* hasta el *Apocalipsis.* Esta exploración es una maratón, no una carrera de velocidad, por lo que debe disfrutar cada pasaje a su propio ritmo. Por muy profunda que sea la lectura de la Biblia, este libro la hace amena; considérelo una charla informal sobre las Escrituras.

Así que, si quiere explorar la Biblia, pero no sabe por dónde empezar, considere este libro como su compañero y guía. Su viaje por la Biblia será menos complicado y más agradable. Lo esperan descubrimientos que le cambiarán la vida.

Nota: Existen varias versiones de la Biblia escritas en diferentes épocas, pero con el objetivo de mejorar la legibilidad, NO de cambiar su contenido o significado. Este libro utiliza diferentes versiones, incluyendo la Versión King James, la NVI (Nueva Versión Internacional) y la NKJV (Nueva Versión King James).

Capítulo 1: El *Génesis* al descubierto

Se dice que no hay una manera fija de estudiar la Biblia ni un orden para leerla. Esto es cierto, pero una buena sugerencia es empezar por el principio de todo. El *Génesis* es el primer libro de la Biblia, y literalmente significa «principio». También coincide con el título hebreo, acuñado a partir de las tres primeras palabras del *Génesis*, «en el principio», que en hebreo bíblico se traduce como *bereshit*. En las páginas del *Génesis* se encuentra la belleza de la formación y creación del mundo.

El *Génesis* es el primer libro de la Biblia[1]

El libro del *Génesis* forma parte de un volumen de cinco libros conocido como el *Pentateuco* (o la «*Torá*» de los judíos, que significa «ley»). La *Torá* comprende el *Génesis* y otros cuatro libros: *Éxodo, Levítico, Números* y *Deuteronomio*, que se analizan más adelante. La profunda historia del *Génesis* se entreteje con ricas lecciones aplicables a la vida cotidiana. La acción de los relatos de este libro describe claramente un ciclo del plan de Dios para el hombre, desde el jardín del Edén y la caída del hombre, hasta el pueblo pecador elegido por Dios bajo la esclavitud y la esperanza de liberación.

Las enseñanzas sobre la salvación y el nuevo nacimiento (que a menudo solo se consideran en el *Nuevo Testamento*, cuando Jesús aparece en escena) comenzaron en el *Antiguo Testamento*, desde el *Génesis*. El proceso de salvación, que comprende la creación, la caída y la redención, puede describirse en términos más modernos como generación, degeneración y regeneración, y representa una etapa compleja de la vida que se ve en todos los procesos de la naturaleza, ya sea en plantas, animales e incluso en varios aspectos de la vida del hombre. Hay mucha belleza y conocimiento por asimilar en el libro del *Génesis*, así que prepárese para obtener una comprensión del diseño divino de Dios desde el principio.

La historia de la creación

La historia de la creación lleva a comprender los procesos de pensamiento de Dios y deja una sensación de calidez innegable que proviene del amor del Creador revelado en cada versículo. Este texto ayuda a vislumbrar la respuesta a la mayor pregunta de la vida: «¿Cuál es mi propósito?». Explica la creación bajo una luz completamente nueva, diferente de cómo lo describen otros textos antiguos o fábulas de la historia. Muestra la creación como lo que realmente es: la existencia de algo a partir de la nada.

Dios no se limitó a hacer; *creó*, y esto se deduce del uso de la palabra hebrea «*bara*» en el texto original, que significa crear, no solo hacer o reformar. Crear significa dar vida a algo que nunca ha existido. Este acto es exclusivo de Dios. No nace del aburrimiento, el accidente o la casualidad, sino que es un proceso intencionado que revela y expresa la naturaleza de Dios.

De la nada a la vida - *Génesis* 1:1-31

En el *Génesis* se ve la obra excepcional del poder infinito de Dios. En su creación del mundo, Él habló, trayendo a la existencia la vida y la materia únicamente con las palabras de su boca. El significado de estas palabras se ve más adelante en este capítulo; por ahora, se profundiza en el porqué del orden de la creación de Dios, la sabiduría que se puede extraer de ello y su relevancia en la vida de hoy.

Génesis 1:1

Todo comenzó con la creación de los cielos y la Tierra. El primer versículo introduce el proceso creativo del nacimiento del mundo. Las tres primeras palabras, «En el principio», muestran algo profundo. Aunque la fecha o la hora reales del comienzo no se conocen ni se registran en la Biblia, la atención se centra en la creación y en el creador, subrayando que Dios estaba allí en el momento de la creación y era responsable de ella. Esto ayuda a entender *Jeremías* 10:16, que reconoce a Dios como el creador de todas las cosas. La comprensión de este primer versículo es crucial, ya que sienta las bases para el resto de los acontecimientos bíblicos. Después de afirmar que Dios es el pionero de la vida y de todo lo que existe, se presentan sus primeras creaciones, el cielo y la Tierra.

• *Génesis* 1:2

El siguiente versículo habla del estado del mundo después de que Dios lo creara. Existen muchas teorías sobre el versículo 2 del *Génesis* 1. Algunos teólogos especulan con la posibilidad de que existiera un mundo con forma y estructura antes del versículo 2. Proponen que pudo ocurrir algo, posiblemente caótico, que dejó el mundo en el estado informe y vacío en que se describe en *Génesis* 2.

Los argumentos a favor de esta teoría y en contra de todas las demás se basan en un pasaje de la Biblia, en *Isaías* 45:18, donde la creación del mundo se ve como un lugar formado y establecido para ser habitado. El argumento es que, si Dios crea el mundo en el versículo 1, no puede haber creado un mundo sin forma y vacío, y la escritura en *Isaías* 45 sirve como confirmación de que, efectivamente, el mundo que Dios creó fue formado para ser habitado.

Una mirada más profunda también revela que la palabra hebrea usada para la palabra «vacío» en *Génesis* 1 es la misma que la palabra usada para la frase «en vano» en *Isaías* 45. Esto se ve claramente en *Isaías* 45, donde Dios afirma que su creación no fue hecha en vano.

Un concepto común que se ha extendido a partir de esta idea es la «teoría de la brecha», que sostiene que hay una brecha cronológica no registrada entre el primer versículo del *Génesis* y el segundo. El descubrimiento de fósiles antiguos se utiliza para enfatizar en esta teoría, afirmando que pertenecen a un tiempo no registrado y que algo tuvo que suceder al mundo para dejarlo sin estructura. Sin embargo, esta teoría también puede ser refutada cuando se revisa con cuidado *Romanos* 5:12, que afirma claramente que la muerte llegó con Adán, lo que significa que antes de Adán, no había muerte. La presencia de fósiles, en cambio, implica que algo murió. Esto deja la pregunta de cómo la muerte pudo ser antes de la existencia de Adán, creando vacíos que no pueden ser explicados. Independientemente del mérito que tiene, la teoría de la brecha se intenta sostener, sin éxito, en la existencia de fósiles.

Esta incoherencia pone en duda la teoría. Si la muerte no existía antes de la caída del hombre, y Adán llega solo en el versículo 6, ¿dónde está la historia entre los versículos 1 y 2? Independientemente del sustento de la teoría de la brecha, que es *Isaías* 45:18, los teóricos han sido incapaces de utilizar el descubrimiento de fósiles como prueba adicional.

Al seguir leyendo, la Biblia dice que la faz de las profundidades estaba cubierta de oscuridad. La palabra oscuridad, puede ser vista como una forma de resistencia. Resistencia al movimiento del Espíritu Santo, como se ve en el siguiente versículo. El Espíritu de Dios estaba presente, pero no se movería hasta que la oscuridad fuera removida. Cada vez que se necesita alguna forma de creación o re-creación, el Espíritu Santo la instituye; él comienza todos los trabajos de dar a luz algo nuevo. La transformación del mundo en algo habitable y bello comienza cuando la Biblia dice: «... el Espíritu del Señor se cierne sobre la faz de las aguas» - *Génesis* 1:2. El estado del mundo, en una palabra simple, era «caos», y el Espíritu Santo necesitaba moverse sobre él para sacarlo de ese estado y volverlo amado y apreciado.

- ● *Génesis* 1:3-5

A diferencia de traducciones posteriores, la versión hebrea hace un trabajo fantástico al declarar lo maravillosa que fue esta creación. Dice: «Luz sea. La luz fue». No hay demora; la creación de la luz fue instantánea. Para que hubiera orden, tuvo que aparecer la luz. La importancia de que la luz viniera primero se ve en *Corintios* 4:3-6. Dios la llamó hablando. Dios la creó con su voz. Esto demuestra que la luz, fuera de su concepto físico, tiene una dimensión espiritual; no es como la hemos llegado a entender. Había luz y tinieblas mucho antes de que se crearan el sol y la luna, que hoy son fuentes primarias de luz. Cuando llegue la nueva Tierra y el nuevo Cielo, solo Dios será la luz y no habrá ninguna distinción en el tiempo, lo que significa que no habrá necesidad del sol ni de la luna. Esto se trata en *Apocalipsis 22:5*.

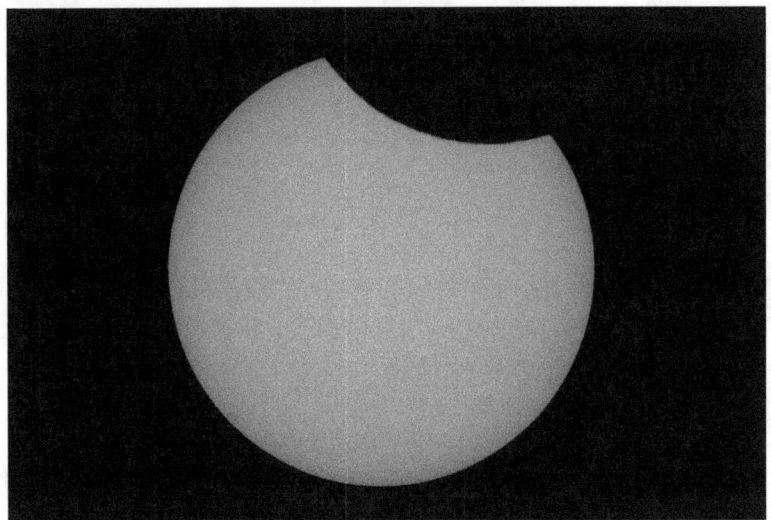

No habrá necesidad del sol ni de la luna en la nueva Tierra y el nuevo Cielo[2]

- *Génesis* 1: 6-8

Se discute si la creación del mundo fue orquestada en seis días literalmente o si hay un significado más profundo que indica un sistema de tiempo diferente al que se reconoce hoy. Sin una conclusión clara sobre esto, lo más conveniente es seguir con los seis días de tiempo regular.

Tras la creación de la luz, Dios pasa a crear una división atmosférica. Dice: «Que haya un firmamento en medio de las aguas, y que separe las aguas»- *Génesis* 1:6. Así, Dios hizo el firmamento y dividió las aguas que estaban abajo de las que estaban sobre el firmamento, y así fue. El firmamento es visto como un espacio o una extensión, y con su creación, se ven las aguas de arriba separadas de las aguas de abajo. Esto aclara la separación del agua presente en la tierra de la que estaba en forma de vapor en el cielo.

- *Génesis* 1: 9-13

El tercer día muestra la creación de la vegetación, al dividirse la tierra seca de las aguas. Esto demuestra que al principio toda la Tierra estaba cubierta de agua y la separación dio espacio para que creciera la vida. También es interesante saber que la vida comenzó o existía antes de que se formara el supuesto «sustento de la vida». Esto significa que la vegetación no contaba con el sol para su sustento, sino que se nutría de la luz de Dios, creada en el versículo 3. Este versículo también ha suscitado muchas discusiones, ya que se cuestiona la posibilidad de que la vida vegetativa prospere en ausencia de cuerpos celestes. En cambio, otros utilizan esta posibilidad para refutar la afirmación de que el mundo fue creado en eones (un tiempo muy largo o un período indefinido) y no en días.

• *Génesis* 1: 14-19

Todas las creaciones de Dios son hermosas y, para algunos, incluso mágicas. En toda la creación, las más comentadas e investigadas son las creaciones del cuarto día. En el cuarto día, Dios dijo: «Haya lumbreras en el firmamento de los cielos para separar el día de la noche; y sean por señales y estaciones, y por días y años, y sean por cuerpos celestes en el firmamento de los cielos para alumbrar la tierra»; y así fue *Génesis* 1,14-15. Entonces, Dios hizo dos grandes lumbreras: la lumbrera mayor, para regir el día, y la lumbrera menor, para regir la noche. Hizo también las estrellas. Dios las puso en el firmamento para alumbrar la Tierra, para regir el día y la noche, y para separar la luz de las tinieblas, y Dios vio que esto era bueno. Así, el día y la noche fueron el cuarto día.

En la época contemporánea, el simbolismo del sol, la luna y las estrellas tiene significados diversos para distintas personas. Sin embargo, en todos ellos, los cuerpos celestes fueron colocados en el firmamento para servir de señales y estaciones para los cristianos. Desde siempre se ha sabido que la humanidad utiliza el sol, la luna y las estrellas como fuente de orientación y para medir el tiempo.

En algunas culturas, el sol simboliza la vitalidad, la iluminación e incluso la esperanza. En otras, la luna simboliza el misterio, los ciclos de la vida y la tranquilidad, pero nunca la paz, porque en *Juan* 14:27 se dice que Dios es el dador de la verdadera paz. Hoy en día, existen múltiples simbolismos de las estrellas para representar esta guía.

Los cuerpos celestes siguen siendo un tema muy amplio hoy en día, ya que no solo influyen en los sistemas de creencias, las reflexiones diarias o las expresiones artísticas de las personas, sino que influyen en una escala mucho mayor. Se dice que el gobierno estadounidense invirtió 100 millones de dólares en el estudio de la vida extraterrestre.

Más allá del significado para el mundo sensible, los astros muestran la excelencia del poder de Dios. Si el Sol se hubiera situado algunos kilómetros más cerca de la Tierra, habría sido catastrófico. Lo mismo si hubiera estado más lejos. Pero Dios, en su infinita sabiduría, conocía el lugar perfecto. Al final de esta creación, se ve al propio creador, Dios, reconocer que era bueno. Esto rebate el argumento de la Tierra espontánea, ya que nada dejado al azar es perfecto.

- *Génesis* 1:20-23

La creación de las aves del cielo y las criaturas del mar muestra la artesanía de un Dios detallista, preciso y resuelto. Si se observan detenidamente las especies de criaturas del aire y, sobre todo, del mar, algunas de las cuales aún se están por descubrir, se ve la profundidad de la artesanía de Dios. Esto también revela el interés de Dios por los pequeños detalles de la vida. Su obra siempre es minuciosa y meticulosa; piense en las distintas razas que existen dentro de una misma especie. Un *beagle* nunca se parecerá a un *golden retriever*, ni un *huskey* siberiano a un *bulldog*, aunque todos son perros.

La creación de las aves del cielo y de las criaturas del mar muestra la artesanía de un Dios detallista, preciso y resuelto[3]

- *Génesis* 1: Versículos 24-25

Una mirada al quinto día y a la primera parte del sexto día de creación deja atónito y asombrado a todo aquel que se acerca. Se preguntará por qué; bueno, pues piense en la jirafa y en el ornitorrinco.

Dios sabe cómo divertirse con la diversidad. El ornitorrinco es una criatura acuática que pone huevos, tiene patas de nutria, cola de castor y pico de pato, y suele encontrarse en las aguas de Australia. También se sabe que el macho de la especie es venenoso y es uno de los pocos mamíferos con veneno. Se trata de un animal con rasgos de ave, reptil y mamífero.

Hay otros animales como el ornitorrinco, pero una moraleja fundamental de la historia, como se ve en el quinto día de la creación, es que cada animal perteneces a su especie. La reiteración constante de este mandamiento a lo largo del tiempo muestra la importancia de la singularidad para Dios. Aunque haya variaciones dentro de una misma especie, siguen manteniéndose algunas características. Aún no ha sucedido que un perro se convierta en un león, ¡y probablemente nunca suceda!

En el mundo actual, hay pocas historias de éxito de cruces entre especies, y todo ello no hace sino reforzar el mandamiento de Dios. Esto se ve en el caso de un caballo y un burro, que crean un híbrido llamado «mula»; o el de un león y un tigre, que da lugar a híbridos llamados «ligre» y «tigrón». La aparición de estos híbridos tiene limitaciones: una de las principales características de los seres vivos es la capacidad de reproducirse y procrear, pero estos híbridos carecen de esta importante función, ya que son infértiles o incapaces de aparearse, lo que pone fin a la continuación de estas especies.

Este entendimiento le dice que sea usted en todo momento y solo aspire a encarnar las características únicas que Dios pensó para usted.

- ## *Génesis* 1:26

Aunque la creación del hombre también tuvo lugar el sexto día, debe considerarse por separado, ya que la creación de la humanidad y las instrucciones que le dio Dios se aplican directamente a usted. Vale la pena centrarse en la declaración inicial de Dios, de crear al hombre a su imagen y semejanza, ya que simplifica una pregunta que está en boca de muchos, pero en el corazón de todos, que es «¿Cuál es mi propósito?» o «¿Por qué estoy aquí?». Una comprensión sólida del versículo 26 proporciona esa respuesta. El versículo 26 dice que la humanidad fue creada a imagen y semejanza de Dios y, en todo momento, Él se refiere a sí mismo en plural, explicando el concepto de la Trinidad, que es Dios Padre, Dios Hijo y Dios Espíritu Santo. Esto se sabe desde el momento de la creación.

Para entender quién es realmente y por qué está aquí, primero debe saber quién lo creó. Conocer a Dios es conocerse a usted mismo. La vida encuentra sentido y propósito cuando sabe quién lo creó y por qué razón. Es como mirarse en un arroyo claro o en un espejo; usted es Su réplica, así que cuando se ve a usted mismo, lo ve a Él. La humanidad tiene un orden diferente al de cualquier otro ser, ya que es la única que posee personalidad, espiritualidad y conciencia, que es la moralidad. Más allá de esto, Dios dio a la humanidad la instrucción y el poder de dominar. Esto no es casualidad; es consecuencia de haber sido formados a Su imagen y semejanza. Esta semejanza también se aplica a usted.

Las lecciones de la historia de la creación aún no se agotan, ya que cada día se obtienen nuevos conocimientos. Una mirada continua a este capítulo de la Biblia le abre las puertas a nuevas revelaciones que influyen en su visión de la vida y en sus experiencias cotidianas.

El jardín del Edén: Adán y Eva

El jardín del Edén tiene mucha importancia, ya que sienta las bases de los acontecimientos posteriores. Piense en los lugares más bellos del mundo actual: Machu Picchu, las islas del Caribe, Gobekli Tepe, etc. Por hermosos que sean, no son nada comparados con la grandeza del jardín del Edén. El jardín del Edén es mucho más que un oasis; es una representación simbólica de la perfecta armonía y belleza que debe existir entre Dios y la humanidad. Es una representación física de nuestra relación con Dios, una relación de paz, amor, alegría y felicidad sin fin.

Adán y Eva en el jardín del Edén[4]

Momento de reflexión

1. ¿Qué significa para usted la historia de la creación?

2. ¿Qué opina sobre el orden de la creación de Dios?

3. ¿Qué aspectos del proceso creativo de Dios resuenan con sus creencias o valores personales?

4. ¿Cómo influye en usted saber que fue creado a imagen y semejanza de un Dios supremo?

5. ¿Cómo ve la naturaleza y otras formas de vida a su alrededor a la luz de la historia de la creación?

6. Después de estudiar la vida de Adán y Eva, ¿diría que se parece a ellos en algunos aspectos?

7. Cuando piensa en lo que simboliza el jardín del Edén, ¿cómo lo relaciona con lo que usted entiende que es la perfección o el paraíso?

8. Respecto a temas como las decisiones, la tentación y las consecuencias, ¿qué lecciones y conocimientos le revela la historia de Adán y Eva?

9. ¿Cree que usted habría comido el fruto si fuera Eva? En caso afirmativo, ¿por qué? Si la respuesta es negativa, ¿por qué?

Según la Biblia, los primeros humanos de la historia, Adán y Eva, fueron creados el sexto día de la creación y colocados en el jardín para cuidarlo. Desde el relato de la creación, sobre la humanidad recaía la capacidad de dominar la Tierra. Al principio, siguieron esta instrucción sin comprenderla. Sin embargo, en el momento de la tentación, cedieron por falta de comprensión, lo que revela que el engaño solo es posible ante la ignorancia. Aunque hay otros factores, fue la llegada de la serpiente para tentar a Eva lo que provocó la caída del ser humano.

Capítulo 2: Éxodo y liberación: el viaje con los israelitas

Recorriendo la genealogía de los israelitas y cómo llegaron a Egipto, se encuentran historias de Adán y Eva, Caín y Abel, Noé, Abraham y Sara, Isaac y Jacob, y José. Las vidas de estos personajes notables del *Génesis* conforman el marco de la siguiente parte de la aventura bíblica. El estudio de estas vidas revela la intención de Dios al llevar a su pueblo elegido a una tierra que Él ha preparado. El estudio de la vida de cada una de las personas mencionadas también ayuda a comprender la Biblia a medida que avanza y la forma de Dios para tratar con su pueblo.

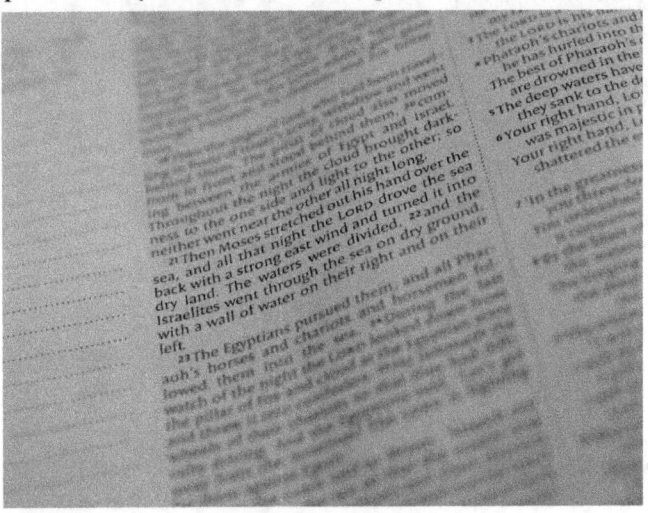

El libro del *Éxodo*[5]

La historia de los hijos de Israel en cautiverio bajo el dominio de los egipcios, su liberación y su viaje a la tierra prometida propuesta es de gran importancia. Un análisis de las diferentes líneas temporales de la Biblia estaría incompleto sin una narración detallada del viaje de los israelitas. El cumplimiento de la profecía, el tiempo excedido, el grito de auxilio, el levantamiento de un salvador para liberarlos, los procesos de partida y el viaje en sí mismo se puede relacionar con la vida de todas las personas, incluso en el presente. Aquí aprenderá lecciones que revolucionarán sus pensamientos.

El asentamiento

Después de la muerte de José en Egipto, a los israelitas les parecía que sus mejores días habían quedado atrás. Sin embargo, del capítulo anterior se puede deducir fácilmente que Dios hace todo con absoluta conciencia y tiene un plan y un tiempo establecido para todo. El sufrimiento y la esclavitud de los israelitas en Egipto ya habían sido anunciados mucho antes de ocurrir.

En los tiempos de Abraham, cuando todavía se llamaba *Abram*, en *Génesis* 15, Dios le reveló que sus descendientes serían esclavizados en una tierra extranjera durante cuatrocientos años. Aunque la profecía decía cuatrocientos años, permanecieron en cautiverio 430. Hay muchas teorías sobre por qué en *Génesis* 15 dice cuatrocientos años y en *Éxodo* se registraron 430. Una de estas teorías lo atribuye a la voluntad de Moisés de actuar antes del tiempo establecido, al matar al primer egipcio. Moisés mató a los egipcios en el año 390, cuando quedaban diez años para la liberación. Se dice que ese acto, que Moisés vio como una forma de ayudar a Dios o de acelerar las cosas, provocó el retraso de treinta años.

Sus acciones lo llevaron a huir de Egipto hacia el desierto, donde permaneció cuarenta años hasta que Dios volvió a visitarlo. En la modernidad, ocurre lo mismo con la mayoría de la gente; después de tener una idea de la voluntad de Dios, se apresuran tanto a verla cumplida que no esperan a averiguar el método y el tiempo de Dios, estropeándola o retrasándola en el proceso. Confiar en Dios de todo corazón para ver cumplida Su voluntad es clave para hacer crecer su relación con Él. En *Filipenses* 1:6, se recuerda y se asegura que lo que Él comienza, puede completarlo y perfeccionarlo en su vida.

El comienzo de la liberación

El encuentro de Dios con Moisés en el desierto mientras este cuidaba las ovejas de su suegro puede considerarse el inicio de la liberación de los israelitas. Moisés fue testigo de una zarza que ardía, pero no se consumía y este incidente marcó el resto de su vida, ya que fue la señal de que más tarde liberaría a los hijos de Israel.

Moisés es llamado por Dios ante la zarza ardiente[6]

En la presencia de Dios ante la zarza ardiente, ocurrió algo significativo que mucha gente pasa por alto. Dios no empezó a hablar a Moisés en cuanto la zarza empezó a arder; esperó hasta que Moisés mostrara interés por la visión que tenía ante él. Moisés dijo: «Ahora me apartaré y veré este gran espectáculo, ¿por qué no arde la zarza?» *Éxodo* 3:3. Definitivamente, Moisés no era ajeno al fuego, ya que entendió el concepto de fuego sobre un material consumible como la zarza, pero su primera reacción no fue de temor o duda; sino de interés. Esta singularidad indicó a Dios que debía hablarle. No es seguro si las palabras de Moisés fueron dichas en voz alta o en su corazón; lo importante es que Dios lo reconoció, y después, le dio su tarea y las instrucciones para llevarla a cabo.

Otros momentos dignos de mención en la escena de la zarza ardiente son:

1. **La llamada de Moisés por su nombre:** Lo llamó por su nombre dos veces. Dios quería establecer que lo conocía, así como lo conoce a usted y todo lo que le concierne.

2. **La tierra santa:** Dios ordenó a Moisés que no se acercara hasta que se hubiera quitado los zapatos. Esto muestra que Dios es santo y no se asocia con ninguna forma de suciedad. Esto significa que debe acercarse a Él de esta manera, no necesariamente quitándose los zapatos, sino con la conciencia de que se está acercando a un Dios santo. También muestra cómo debe verse a usted mismo. Sabiendo que fue creado a su imagen y semejanza, no debe asociarse con nada que sea considerado como inmundicia por su padre celestial.

3. **La presentación de Dios:** Esto es crucial cada vez que Dios habla. Él no deja que el receptor deduzca o decida quién es. Él declara que puede ser conocido. Aquí, Él se presenta como el Dios de sus padres, lo que también muestra una relación y un pacto que se remonta mucho antes de Moisés.

El mensaje: Moisés no partió hacia Egipto vacío; partió con una palabra. Dios le dijo que les dijera: «YO SOY». El conocimiento de sus afiliaciones y asociaciones siempre influyó en su forma de afrontar la nueva tarea. Saber que no tenía que hacer las cosas solo le brindó confianza. Además, trabajaba con alguien digno de confianza, poderoso e influyente. Este fue el mensaje para los hijos de Israel en *Éxodo* 3:15-17:

> *«Además, Dios dijo a Moisés: "Así dirás a los hijos de Israel: Jehová, el Dios de sus padres, el Dios de Abraham, el Dios de Isaac y el Dios de Jacob, me envió a ustedes. Este es mi nombre para siempre, y este es mi memorial por todas las generaciones'. Ve y reúne a los ancianos de Israel y diles: 'El SEÑOR Dios de vuestros padres, el Dios de Abraham, de Isaac y de Jacob, se me apareció diciendo: 'Ciertamente los he visitado y he visto lo que se les hizo en Egipto; y los haré subir de la aflicción de Egipto a la tierra de los cananeos y de los heteos y de los amorreos y de los ferezeos y de los heveos y de los jebuseos, a una tierra que mana leche y miel'"».*

Las diez plagas

Al llegar a Egipto, Aarón habló a los ancianos de Israel en nombre de Moisés. Entonces Moisés realizó las señales que Dios le había ordenado hacer y esto hizo que el pueblo creyera. Con Dios, se debe creer por fe y no por vista, pero los humanos dependen de sus sentidos. A menudo deben ver, sentir y oler antes de creer, y Dios lo sabía, por eso permitió a Moisés realizar las señales. Esto demuestra que los resultados no se obtienen solo con palabras y debe esforzarse por tener resultados en todo lo que hace.

Con los hijos de Israel en orden, Moisés y Aarón se dirigieron al palacio para hablar con el faraón. Moisés ya estaba informado por Dios de que incluso con las señales, Él endurecería el corazón del faraón para que no liberara a los israelitas, y sucedió tal como Dios había dicho. Endureció el corazón del Faraón para poder enviar las diez plagas y mostrar tanto a los israelitas como a los egipcios que Él era el único Dios verdadero.

Con el endurecimiento del corazón del faraón vino una reacción contra los israelitas, ya que su trabajo se hizo más intenso y extenuante. Esto sembró la duda en el corazón de los hijos de Israel, que se preguntaban si el Dios de sus padres había enviado realmente a Moisés. Es común que la gente abrace las dudas y se cuestione cada creencia cuando las cosas no van como las imaginaron.

La primera plaga: El agua se convierte en sangre

A pesar de los débiles intentos del faraón y sus magos por refutar y rebatir las señales de Dios, la excelencia y majestad de Dios brillaron con luz propia. En lugar de cambiar de opinión, el faraón se endureció aún más, tal como Dios había dicho que haría. Esto demuestra que solo el Espíritu Santo puede llevar a alguien a la iluminación y la claridad espiritual. Las plagas fueron un espectáculo de Dios para ridiculizar la supuesta prominencia de las deidades egipcias. La primera plaga fue para burlarse del dios egipcio Hapi. Este era el dios egipcio del río Nilo, que era adorado por su supuesto don de fertilidad natural. A partir del versículo 14, Dios, obrando a través de Aarón, convirtió el río Nilo en sangre, por lo que los egipcios tuvieron que cavar para abastecerse de agua dulce. Dios no había terminado, así que en un punto dejó que los magos del faraón revirtieran ese acto, endureciendo aún más su corazón.

Dios convirtió el río Nilo en sangre para burlarse del dios del Nilo de los antiguos egipcios, Hapí[7]

La segunda plaga: Multiplicación de ranas

La siguiente plaga fue un juicio contra la diosa egipcia del nacimiento, Heqet, que tenía cabeza de rana. En el antiguo Egipto, las ranas eran veneradas y consideradas sagradas. Representaban símbolos de generación y fertilidad. Esta diosa y sus supuestos poderes se convirtieron en una burla pública cuando Dios hizo que el Nilo produjera ranas que invadieron todos los rincones de Egipto, aparte de la morada de los israelitas. Entraron en los hogares egipcios y ocuparon todo su espacio. Cuando las ranas murieron, sus cuerpos hediondos fueron amontonados en enormes pilas por toda la nación. Es emocionante leerlo tal y como lo plantea la Biblia. El autor del *Éxodo* no se anduvo con rodeos. Nadie debía quedar al margen en Egipto, desde los altos funcionarios hasta los sirvientes más humildes; ¡las ranas invadieron el espacio personal de todos hasta hacerlos perder la cabeza!

La tercera plaga: Mosquitos

Dios subió el nivel en la tercera plaga, ya que los magos de Egipto no pudieron combatirla y declararon abiertamente al faraón: «Esta es la mano de Dios». *Éxodo* 8:9. La tercera plaga fue un juicio contra la deidad Set, que es el dios egipcio del desierto. Dios soltó insectos en toda la tierra, mostrando su soberanía sobre la hechicería y la magia. El texto hebreo original no decía si estos insectos eran mosquitos, pero la Biblia lo interpretó como mosquitos, piojos o algún otro tipo de insecto, ya que la palabra utilizada en el texto original significa insecto pequeño. El reconocimiento de los magos demostró que sabían que no se trataba de un fenómeno natural, sino de la acción de un poder superior. Sin embargo, el corazón del faraón seguía endurecido.

La cuarta plaga: Enjambre de moscas

Luego vinieron las moscas, con una clara distinción entre la tierra donde vivían los israelitas, Gosén, y las tierras habitadas por los egipcios. La Biblia describe la plaga como un grave enjambre de moscas, que aterrorizaron sin cesar a los egipcios hasta el punto de que el faraón pidió ayuda a Moisés con la promesa de dejar marchar a los hijos de Israel. Sin embargo, a medida que lea los próximos capítulos de la Biblia, se dará cuenta de que el faraón no cumplió su promesa. Esta plaga fue un juicio a Uatchit, el dios de las moscas. Dios hizo llover juicio sobre los supuestos dioses egipcios para mostrar al faraón y a su pueblo que solo hay un Dios vivo y verdadero.

La quinta plaga: Muerte del ganado

Al terminar la cuarta plaga, el faraón se retractó de su promesa de dejar ir a los hijos de Israel. La quinta plaga llegó contra dos dioses egipcios, que eran representados como ganado, el dios Apis y la diosa Hathor. Dios, a través de Moisés y Aarón, causó la muerte de todo el ganado perteneciente a los egipcios, sin causar ningún daño al de los hijos de Israel. Esto muestra la firme mano protectora de Dios sobre aquellos que deciden obedecerle. No se trata solo de protección, sino de una provisión total para sus hijos. *Mateo 5:45* habla de Dios haciendo que la lluvia caiga y el sol brille sobre justos e injustos, pero es mejor con aquellos que eligen reconocerlo como Padre y Señor.

La sexta plaga: Forúnculos

Los furúnculos de la sexta plaga eran intensos. Está registrado en las Escrituras que los magos de Egipto no pudieron ir donde el faraón porque ellos sufrían la misma aflicción que todos los otros egipcios. Esto mostró significativamente que la ayuda de los magos que los egipcios pensaban que tenían estaba fracasando. Esto también se aplica a la vida diaria. No está mal confiar en otros, pero hay un límite en la ayuda que pueden ofrecer. Cuando se trabaja con Dios, no hay temor a quedarse solo porque Él siempre cumple.

Los dioses egipcios Sunu, Sekhmet e Isis fueron el centro del sexto juicio. Estos dioses representaban la salud, el bienestar y la enfermedad, por lo Dios provocó forúnculos para burlarse de su supuesto poder.

La séptima plaga: Granizo

Dios envió un mensaje al faraón de antemano para prepararlo para esta plaga. Aun así, su corazón permaneció endurecido, tal como Dios había dicho. Dios hizo saber que Él era Dios, y que no había nadie como Él en toda la tierra. Dios también informó al faraón que su presencia en el trono se debía a Él, aunque él no lo supiera. El granizo fue el juicio sobre Osiris, Set y Nut, los dioses de la fertilidad de las cosechas, la tormenta y el cielo, respectivamente. Tan desastroso fue el granizo, que vino acompañado de fuego, destruyendo todo lo que dejaba a su paso. Dios advirtió al faraón que reuniera y guardara todo lo que estuviera vivo, pues el granizo acabaría con todo. En ese momento, surgió la división entre los egipcios. Algunos, atemorizados, hicieron caso a las palabras de Dios a través de Moisés y reunieron a sus siervos, cosechas y ganado, mientras que otros se negaron. El granizo llegó y consumió todo lo que había a la intemperie.

La octava plaga: Langostas

Las langostas se lanzaron sobre los egipcios y todos los cultivos de temporada tardía, como el trigo y la espelta, que quedaban tras la cosecha de cebada, fueron devorados por las langostas. Sus dioses, Osiris y Nut, fueron ridiculizados y juzgados, mostrando el poder de Dios. Tal como Él le había dicho a Moisés, sus hijos podrían contarles a sus hijos del poder que presenciaron y las señales que vieron.

La plaga de langostas[9]

La novena plaga: Oscuridad

La oscuridad de la novena plaga era tan intensa que se podía sentir. Era un juicio contra el dios de la luz o dios del sol, Ra o Amón-Ra. El faraón mismo era el símbolo de este dios. Para los egipcios, la salida y la puesta del sol significaban la vida y la muerte. Es decir, cuando el sol salía por la mañana, significaba la vida para los antiguos egipcios; y cuando se ponía, significaba la muerte. Al igual que la tercera y la sexta plaga, esta llegó sin previo aviso, aislando a los egipcios no solo de los israelitas, sino también entre sí. La escritura dice que nadie podía moverse del punto en el que estaba debido a la severidad de esta plaga.

Cuando Dios tomó el control y trajo la oscuridad a la tierra, estaba declarando su supremacía definitiva sobre cualquier otro dios, enjuiciando al dios egipcio supremo y confinándolo al reino de la muerte. Solo entendiendo esto tiene sentido que la siguiente plaga sea la de la muerte.

La décima plaga: La muerte de los primogénitos

La muerte de los primogénitos significaba y representaba mucho. En primer lugar, los primogénitos son conocidos por representar nuevos comienzos, orgullo, esperanza y alegría; la muerte de los primogénitos muestra cómo les fue quitado esto a los egipcios. Tal y como lo describe la Biblia, «...se oirían grandes lamentos por parte de ellos» (*Éxodo* 11:6) en el momento en que llegara la plaga. Aquí viene el contraste: en la ciudad de Gosén, la morada de los israelitas, había total serenidad y tranquilidad; como dijo Dios, ni siquiera ladraba un perro.

También hay un significado más profundo en la utilización del perro, ya que esta plaga final también era el juicio del dios egipcio de los muertos o el dios embalsamador, Anubis, representado como un perro. Esto revela la liberación y la salvación de Dios, que trae una paz que nadie puede entender, como se ve más adelante en el *Nuevo Testamento*, en *Filipenses* 4:7. La muerte de los primogénitos empujó al faraón a dejar marchar a los hijos de Israel, tal como Dios había dicho. Los israelitas siguieron todas las instrucciones que Dios les dio al salir de Egipto, mostrándose favorables con los egipcios y saqueando la tierra para llevarse un gran botín.

La plaga final también fue el juicio sobre el dios egipcio de los muertos, Anubis.⁹

Camino a la libertad

Hubo una inmensa alegría y emoción en los israelitas cuando comenzaron su viaje por el desierto, pero esta alegría duró poco, ya que, después de un tiempo de viaje, los egipcios fueron tras ellos. El corazón del faraón y el de sus siervos se endureció hacia los hijos de Israel, se arrepintieron de haberlos dejado ir y los persiguieron con la esperanza de esclavizarlos nuevamente. Sin embargo, Dios se manifestó de nuevo a favor de su pueblo; ahogó a los egipcios cuando partió el Mar Rojo por medio de la vara de su siervo Moisés. Este acto singular tiene mucho significado hoy en día para los creyentes, ya que indica la salvación completa y la liberación total de cualquier opresor. Dios no dejó nada al azar, sino que resolvió el asunto de una vez por todas, declarando la libertad total de su pueblo.

Momento de reflexión

1. ¿Cuál de las diez plagas lo impresionó más y por qué?

2. Los hijos de Israel reaccionaron ante el aumento del trabajo después del primer encuentro de Moisés con el faraón. ¿Cuál es su primera disposición hacia Dios cuando se enfrenta a desafíos? En función de su anterior respuesta, ¿cómo definiría su fe en Dios?

3. Basándose en los tratos de Dios a los israelitas y los egipcios, ¿cómo percibe la naturaleza de Dios?

4. Escriba dos características de Dios que Él haya mostrado en el libro del *Éxodo* y piense en cómo estas características pueden afectar su vida.

Dios es muy preciso y su intención está clara en todo lo que hace. Esto se ve en la forma meticulosa en que dispuso y ordenó las diez plagas. Cuando Dios obra, lo hace en todos los frentes, sin dejar nada al azar. ¡Todas las victorias de Dios son victorias totales!

Capítulo 3: La sabiduría de *Salmos* y *Proverbios*: guía para la vida diaria

El «temor del Señor» es el concepto central de la Biblia y todas las enseñanzas y exhortaciones que se encuentran se centran en él. Este concepto se enfatiza mucho en los libros de *Salmos* y *Proverbios*, que se enfoca en el tema de la «sabiduría» y la «adoración» más que cualquier otro libro. La vida como cristiano debe vivirse en total adoración a Dios a través de Su sabiduría, lo que hace que estos libros sean tan fascinantes. El estudio del libro de los *Salmos* permite completo asombro y reverencia hacia Dios. Pone su corazón en una postura de gratitud y adoración por el papel de Dios como Creador, Padre, ayudador, y mucho más. Al mismo tiempo, el libro de *Proverbios* le enseña a vivir una vida que agrade a Dios. Aborda áreas clave de su vida y le brinda la sabiduría necesaria para llevarlas a cabo. Aparte del libro de *Génesis*, otro buen lugar para comenzar el estudio de la Biblia son los libros de *Salmos* y *Proverbios*.

El libro de los *Salmos*[10]

Son los dos únicos libros que se sabe que tuvieron varios autores. Las ricas experiencias de distintos autores hacen que los capítulos de estos libros se superpongan de forma asombrosa. Sin embargo, de entre todos estos autores, destacan dos: El rey David, del libro de los *Salmos*; y el rey Salomón, hijo del rey David, del libro de los *Proverbios*.

Ante la duda, la alegría, el miedo, la excitación, el dolor, el amor, la angustia, la desesperación, la fe, etc., estos libros ayudan a guiar su corazón. Siempre hay un pasaje que aborda sus necesidades actuales, le da una visión y eleva su espíritu. En ellos se abordan todas las emociones y se dan instrucciones para vivir con rectitud. A continuación, encontrará varias ideas y temas clave de este libro.

Salmos: Una armonía de corazones e himnos

El libro de los *Salmos* es la expresión del corazón de un hombre. En cualquier momento de su vida, muestra su conexión con una fuente: Dios. Este libro es una recopilación de cantos; cada poema lírico es una revelación del corazón humano en adoración a Dios. Algunos de los autores de las canciones de los *Salmos* se mencionan al principio de cada capítulo, mientras que los autores de otras no. Algunos de los autores incluyen al rey David, quien escribió la mayor cantidad al ser autor de setenta y tres (73) capítulos, Moisés, Asaf, los descendientes de Coré, el Rey Salomón, Hemán el ezraíta y Etán.

El libro es plenamente como su nombre lo indica, *Salmos*, que significa «alabanza» o «cantos de alabanza». Su nombre original, que es la palabra hebrea «*Tehillim*», significa «cantos de alabanza». Se compone de reflexiones, meditaciones, instrucciones, oraciones de ayuda, cantos de acción de gracias, himnos, oraciones de ayuda, etc. Independientemente de los otros géneros que se ven en los *Salmos*, su enfoque central es la alabanza y la adoración a Dios.

El libro de los *Salmos* abarca casi mil años, desde la época de Moisés hasta la época postexílica en Babilonia. Además de ser el libro más extenso de la Biblia y de abarcar temas tan diversos como la creación, la salvación de Dios, el juicio, el reino de Dios, la historia de Israel, la ley de la vida, el misterio de las condiciones humanas y muchos otros, es también el libro más leído del *Antiguo Testamento*. Contiene un total de 150 composiciones líricas que exploran la relación del hombre con Dios, ya sea mediante una celebración de la victoria, un grito de ayuda, una búsqueda de consuelo en las pruebas o un derramamiento del alma en las oraciones.

En *Mateo* 22: 37, la enseñanza de Jesús dice a todos que el mayor mandamiento es amar al Señor Dios con todo el corazón, con toda el alma y con toda la mente. Un cristiano que busca realmente cumplir este mandamiento acude al libro de los *Salmos*, pues en él se muestra cómo amar a Dios con todo el valor, la conciencia y el intelecto.

Proverbios: Instantáneas de sabiduría

En ligero contraste, el libro de los *Proverbios*, atribuido en gran parte al rey Salomón, más allá de sus sabios dichos, proporciona una visión de cómo vivir. Aunque hay otros autores implicados en la compilación de este libro, el rey Salomón es el principal. Es famoso por su sabiduría y escribió más de 3.000 proverbios y más de 1.005 canciones. Fue el tercer rey de Israel después de la época de los jueces, cuando los israelitas se habían asentado en Canaán. Ascendió al trono a una edad temprana tras la muerte de su padre, el rey David. A pesar de su juventud e inexperiencia, hizo algo extremadamente sabio, por lo que fue recompensado con creces por Dios.

En un intento de buscar ayuda sobre cómo liderar al pueblo de Dios, Salomón ofreció un enorme sacrificio a Dios, lo que llevó a que Dios le otorgara lo que quisiera. Salomón pidió sabiduría para gobernar y dirigir de la mejor manera al pueblo de Dios. Esta singular petición complació a Dios, que le concedió el deseo de su corazón, que incluía todo lo demás: riqueza, fama y paz con sus enemigos. Esta acción dio a Israel su reinado de paz más largo, que fue de cuarenta años sin conflictos ni luchas con otras naciones.

Salomón volcó esta sabiduría en el libro de los *Proverbios*. Este libro se caracteriza por sus consejos prácticos sobre cómo vivir una vida recta y plena. Es tan grande que sus enseñanzas no se limitan a las personas de un determinado grupo demográfico, raza, etnia, origen o clase social, sino que son tan útiles para la vida, que resuenan en todos los que las encuentran.

Proverbios abarca una amplia gama de temas vitales para la vida cotidiana, como la importancia y el poder de las palabras, el valor de buscar el conocimiento y la comprensión, por qué es importante comportarse éticamente, cómo tomar decisiones acertadas, cómo fomentar buenas relaciones, dejar malos hábitos, aprender buenos hábitos, comprender los principios que definen una vida dispuesta en total reverencia a Dios, etc. Siempre se puede encontrar algo útil en los proverbios y sus ideas se presentan en cápsulas, breves y memorables, para facilitar su asimilación y recuerdo.

En la medida en que este libro muestra la sabiduría durante la época del rey Salomón, su valor no se ha depreciado en absoluto; sigue siendo muy aplicable en la vida cotidiana de hoy. El propósito principal del libro de *Proverbios* es mostrar el camino hacia la sabiduría, que es a través del temor al Señor. Esto se confirma en el uso constante de la expresión «el temor de Dios» en sus páginas, más que en ningún otro libro de la Biblia.

Una característica asombrosa que se nota al estudiar el libro de *Proverbios* es su belleza para comunicar la sabiduría a los lectores mediante el uso del discurso y la personificación. Revela un equilibrio entre las elecciones del hombre y las leyes de Dios, mostrando cómo la soberanía de Dios armoniza con el libre albedrío del hombre. Una conclusión del estudio de este libro es que el ser humano solo puede alcanzar la verdadera sabiduría cuando está bien con Dios. Desde la perspectiva de *Proverbios,* un hombre entendido, listo e inteligente, sin

Dios, carece de sabiduría.

El libro de *Proverbios*[1]

Salmos y *Proverbios*: La interrelación

Estos dos libros, aunque distintos, ofrecen puntos de vista o perspectivas complementarias sobre temas clave de la vida, la fe y la sabiduría. Los *Salmos* consisten principalmente en expresiones poéticas de alabanza, lamento y adoración, mientras que los *Proverbios* se ajustan más a la sabiduría práctica. Estos diferentes estilos de escritura comunican mensajes similares. Las ideas que se destacan repetidamente en estos libros son vitales para la vida cotidiana y resuenan con los retos a los que se enfrenta el mundo actual.

Una mirada al contexto histórico y cultural de los *Salmos* y los *Proverbios* revela su perdurable atractivo. El libro de los *Salmos*, escrito hace siglos, abre la evolución de los cambios sociales y religiosos del antiguo Israel. Capítulo a capítulo, verá cómo comprende con éxito los triunfos, las tragedias y los anhelos espirituales de la nación de Israel. Esto sirve como testimonio de la eterna búsqueda del hombre de la conexión con lo divino. En comparación, *Proverbios*, que suele atribuirse a la época del reinado del rey Salomón, se sumerge en la sabiduría de las antiguas tradiciones del Oriente Próximo. Los aforismos de *Proverbios* y su énfasis en la sabiduría práctica son breves y directos, a diferencia del estilo expresivo de *Salmos*. Culturalmente, la influencia de las enseñanzas de *Salmos* y *Proverbios* trasciende las fronteras de la religión. Abarca una miríada de otros campos, como la literatura, la filosofía, el arte, la música, etc., en diversas culturas. El carácter universal y perdurable de sus temas ha servido como fuente de inspiración a innumerables filósofos, escritores, literatos, artistas, etc., a lo largo de la historia de la humanidad. La forma en que se exploran las emociones en estos dos libros, especialmente en *Salmos* y en la pragmática dispensación de percepciones en *Proverbios*, resuena universalmente, sirviendo de puente para las brechas que existen entre personas de variados orígenes, demostrando su relevancia en los diferentes paisajes culturales y religiosos.

Más allá del impacto artístico y cultural de *Salmos* y *Proverbios*, se han convertido en temas de profunda investigación para muchos estudiosos. Personalidades de la teología, la investigación de la Biblia y la crítica literaria han examinado estos textos de forma exhaustiva, abordándolos desde diversas perspectivas para desvelar sus diferentes dimensiones, tanto históricas como literarias y teológicas. Este enfoque interdisciplinar no solo profundiza en la comprensión de *Salmos* y *Proverbios*, sino que también ilumina su significado contextual. Las interpretaciones eruditas van mucho más allá de los confines de la academia, proporcionando ideas que hacen que estos textos antiguos no solo sean accesibles, sino también profundamente relevantes para las cuestiones y preocupaciones contemporáneas. Como resultado, *Salmos* y *Proverbios* siguen sirviendo como faros de sabiduría, guiando al público moderno como usted a través del intrincado terreno de la vida con una aplicabilidad atemporal y universal.

Mirada temática de *Salmos* y *Proverbios*

Mucho se ha dicho sobre el inmenso impacto de los libros de *Salmos* y *Proverbios* en la vida actual. En esta sección, se examinan algunos de los temas clave que forman parte de la vida cotidiana.

Sabiduría en la adversidad

La adversidad en la vida no es un concepto nuevo. Así como hay días de prosperidad, los días de adversidad son muy frecuentes. Esto no es un ataque al pesimismo; así funciona el mundo. Está expresado en la historia de los siete años de abundancia y escasez durante la época de José en *Génesis* 41. Cada cierto tiempo está destinado a suceder. En cualquier momento de la vida de un hombre ocurren cosas buenas y malas. La pregunta es, ¿qué dice la palabra de Dios acerca de sus hijos en los días de adversidad, y qué sabiduría se puede recoger de estos libros para tales tiempos?

Usted experimentará adversidad, pero nunca debe tener miedo[12]

La Biblia deja claro que, como cristiano, experimentará adversidades, pero no debe preocuparse, tener miedo o ser cobarde; más bien, debe ser valiente, porque Cristo Jesús, su Señor, venció en el mundo. Con este entendimiento se obtiene la victoria. Esto se ve en *Juan* 16:33, y *Proverbios* instruye a los creyentes sobre qué hacer en la adversidad. En el versículo 10 del capítulo 24 de *Proverbios*, se anima a perseverar siempre y a ser fuerte en la adversidad, lo que significa que esta vendrá, pero la manera de enfrentarla determina cómo salir de ella: victorioso o derrotado. Este versículo enseña a ser resistente y decidido a la hora de enfrentar retos.

Esta idea se amplía en los *Salmos*. Por ejemplo, varios pasajes como *Salmos* 34:17-18, muestran una profunda respuesta emocional ante la adversidad, pero sin desanimarse. En lugar de inquietarse ante la adversidad, el clamor se dirige hacia Dios. Él escucha y proporciona consuelo ante los problemas. La belleza de los *Salmos* es que no rehúyen el dolor que se experimenta en los momentos difíciles, pero tampoco se detienen en él. Por el contrario, transmiten la lucha y la confianza en un poder superior, Dios, para obtener fuerza y liberación.

Este enfoque de la adversidad es igual de eficaz hoy en día. En lugar de revolcarse en el miedo y la duda, que alimentan la depresión ante los desafíos, debe extraer la sabiduría de los *Salmos* y los *Proverbios*, acudiendo a Dios en busca de la fuerza que le ayude a navegar con alegría. Es como la historia bíblica de un hombre llamado Job, a quien Satanás atormentó con un gran adversario para conseguir que se alejara de Dios y perdiera la fe. Sin embargo, Job reaccionó de una de las maneras más impresionantes posibles: cuando perdió todo lo que tenía, dijo: «...el Señor da, y el Señor quita. Bendito sea el nombre del Señor - *Job* 1:21». Así que, como ve, es posible estar alegre incluso en medio de la angustia. Fíjese en la palabra alegre y no feliz: la felicidad es el resultado de las cosas físicamente placenteras que lo rodean, mientras que la alegría proviene de la paz interior de Dios, que no está influenciada por el entorno o las circunstancias.

Los desafíos difieren de persona a persona, pero el método primario de superarlos es el mismo para todos: dirigirse a Dios, sacar fuerzas, afrontar el desafío con fe y con alegría, y disfrutar de la victoria. *Salmos* 34:19 y *Proverbios* 3:5-6 arrojan más luz sobre la idea cristiana de la adversidad: «El justo puede tener muchas angustias, pero el SEÑOR lo libra de todas ellas»; y «Confía en el SEÑOR con todo tu corazón y no te apoyes en tu entendimiento; en todos tus caminos sométete a él, y él enderezará tus sendas». Juntos, estos libros ofrecen una visión integral de cómo afrontar la adversidad con una combinación de la sabiduría práctica de *Proverbios* y la perspectiva emocional y espiritual que se encuentra en *Salmos*. Se trata de un enfoque holístico que fomenta la fortaleza mental y la confianza espiritual en los momentos difíciles.

El poder de las palabras

Proverbios 18:21 dice: «La vida y la muerte están en poder de la lengua». Este versículo resume todo lo que leerá en esta sección. Destaca el impacto que las palabras pueden tener en la vida. Las palabras pueden llegar muy lejos y tocar todos los recovecos de la vida. Este versículo también subraya las responsabilidades que conlleva tener la capacidad de comunicación, instando a ser cuidadoso en el uso de las palabras.

En los *Salmos*, en su forma poética habitual, se encuentra un análisis del poder de las palabras. En *Salmos* 141:3, se hace una súplica a Dios, pidiéndole que ponga guardia sobre su boca y vigile sus labios. Aunque en un estilo diferente al de *Proverbios*, tiene un mensaje similar. Se puede sentir la desesperación de las palabras al leer, lo que demuestra la comprensión del poder de las palabras.

Proverbios 16:24 dice: «Las palabras amables son como un panal de miel, dulces para el alma y sanadoras para los huesos»; en *Proverbios* 15:4, «La lengua consoladora es un árbol de vida, pero la lengua perversa aplasta el espíritu». Esta imagen contrasta vívidamente el poder de las palabras suaves y reconfortantes con la fuerza destructiva de las palabras ásperas e hirientes. La lectura de los *Salmos* y los *Proverbios* pone de relieve la profunda influencia de las palabras en todos los aspectos de la vida. Se insta a usar las palabras con cuidado, sabiendo el peso que tienen. Cuando las palabras se utilizan para dar vida, se complace a Dios y se obra a partir del temor a él.

En el libro de *Proverbios*, las palabras amables se comparan con la dulzura de un panal de miel[13]

Búsqueda de la justicia

La búsqueda de la rectitud es sinónimo de una vida honorable y floreciente. Sin embargo, fuera de sus numerosos beneficios, es un llamado a todos los cristianos. *Proverbios* 21:21 dice que «Quien persigue la rectitud y el amor no solo hallará vida, sino prosperidad y honor». El libro de los *Salmos* no solo aborda el tema de la justicia en múltiples ocasiones, sino que este discurso marca el tono del libro en general. Los tres primeros versículos de *Salmos* hablan del estilo de vida de un hombre que vive en la justicia y no persigue la impiedad.

Salmos 1:1-3 dice,

> *«Bienaventurado el hombre que no sigue los consejos de los impíos, ni se detiene en el camino de los pecadores, ni se sienta en la silla de los escarnecedores. Sino que en la ley del Señor está su delicia, y en su ley medita de día y de noche. Y será como árbol plantado junto a corrientes de aguas, que da su fruto en su tiempo; su hoja no se marchitará, y todo lo que hace prosperará».*

En estos versículos, el concepto de rectitud está conectado a una vida profundamente arraigada en la palabra de Dios; tal vida siempre resulta en productividad, estabilidad y prosperidad. Elegir ser honorable es vital para la vida de un creyente que camina con Dios. Puede parecer más fácil alterar los números en el trabajo, hacer trampa en un examen, decir una mentira, o hablar mal de un amigo, pero estas cosas no se alinean con los principios de un creyente, así que no deberían encontrarse en usted o a su alrededor.

Además, *Proverbios* 11:19 ofrece un contraste entre los resultados de la rectitud y la maldad: «Verdaderamente el justo alcanza la vida, pero quien persigue el mal encuentra la muerte». Esta estrecha comparación señala el impacto transformador de elegir el camino de la rectitud. En comparación, *Salmos* 34:15 hace eco de este sentimiento cuando dice: «Los ojos del Señor están sobre los justos, y sus oídos atentos a su clamor». Se recibe esta seguridad que refleja la conexión divina de Dios con quien persigue fervientemente la justicia.

Profundizando en la búsqueda de la rectitud, *Proverbios* 21:3 afirma: «Hacer lo recto y lo justo es más agradable al Señor que el sacrificio». Este versículo enfatiza el valor intrínseco de las acciones justas por encima de los rituales externos. Nunca se trata realmente de las cosas bonitas que se dicen; la postura del corazón le importa más a Dios, como puede ver en este versículo. Esto también se relaciona con un apartado de los *Salmos* que plantea la pregunta: «¿Quién es digno de consultar a Dios y quién es digno de vivir en su monte santo?» (*Salmo* 15:1). A continuación, la respuesta describe las características de un hombre justo.

La justicia es un camino que conduce a la vida. A medida que estudie los libros de *Salmos* y *Proverbios*, descubrirá más versículos que tocan este tema, dándole una mejor comprensión de la rectitud. Esta búsqueda es un viaje activo e intencional hacia lo correcto y justo a los ojos de Dios. *Salmos* 119:1-2 dice: «Bienaventurados los de caminos intachables, los que andan conforme a la ley de Jehová. Bienaventurados los que guardan sus principios y lo buscan de todo corazón».

Momento de reflexión

1. Si le pidieran mencionar lo que más desea ahora, al igual que a Salomón, ¿qué sería?

2. Los *Salmos* exploran una gama de emociones, desde la alegría hasta la tristeza. ¿Qué *Salmo* se relaciona más con sus sentimientos actuales o con su situación vital? ¿Por qué?

3. Reflexione sobre un error o una lección aprendida en su vida. ¿De qué manera el concepto de aprender de los errores, enfatizado en *Proverbios*, resuena con sus experiencias?

4. Los *Proverbios* ofrecen sabiduría práctica para la vida diaria. ¿Qué consejo proverbial le parece especialmente relevante para una situación o decisión actual que esté afrontando? ¿Cómo puede influir en sus decisiones la aplicación de esta sabiduría?

Una cosa está garantizada: el estudio de los libros de *Salmos* y *Proverbios* lo dejará mejor de lo que lo encontró. Con seguridad, tendrá una forma de pensar renovada. Puede comenzar a tomar medidas prácticas a partir de las lecciones de estos libros para remodelar sus elecciones y hábitos.

Capítulo 4: La vida y las enseñanzas de Jesús

Aprender sobre la vida de Jesús y sus enseñanzas va más allá de adquirir conocimientos. Guía su comprensión de Dios y le revela el propósito de la vida, lo que a su vez provoca una transformación total en su corazón. Estas historias y enseñanzas no están limitadas por el tiempo, ya que sus lecciones siguen siendo muy relevantes en el mundo contemporáneo. No importa si está comenzando su viaje bíblico; una mirada a la vida y las enseñanzas de Jesús le dará una nueva perspectiva de la vida, llenará su corazón de audacia para enfrentar pruebas y desafíos, y lo preparará con fe y expectación para el final prometido para todos los hijos de Dios. Prepárese para anhelar una relación más profunda con Dios al adentrarse en las páginas de este capítulo.

El nacimiento de Jesús[14]

El nacimiento de Jesús

El nacimiento de Jesús es tan significativo que todos los acontecimientos, historias y enseñanzas desde el *Génesis* hasta el *Nuevo Testamento*, pasando por los libros del *Antiguo Testamento*, fueron preparativos para la venida del Mesías, Jesús. Las profecías de su nacimiento y de su vida fueron relatadas siglos antes de su llegada. La manifestación de su nacimiento es una colisión de lo sobrenatural y lo natural, un acontecimiento divinamente orquestado por Dios. Todo comenzó con María, una joven virgen prometida a un hombre en la pequeña ciudad de Nazaret, que encontró gracia ante los ojos de Dios y recibió la visita de un ángel. El ángel vino con la noticia de que ella había sido elegida para dar a luz al salvador de todo el mundo, el hijo de Dios. ¿Puede imaginar los posibles pensamientos y reacciones de María ante semejante noticia?

Otra persona muy importante era su prometido, José, y Dios hizo posible que permaneciera a su lado mientras se desarrollaba este milagro. A él también lo visitó un ángel y Dios le ordenó que no se apartara de María, sino que se quedara con ella, porque el niño venía del Espíritu Santo.

En el primer capítulo de *Lucas*, María, que aún no había asimilado esta revelación divina, visitó a su pariente Isabel, que estaba embarazada. Esta visita es más significativa que la simple reunión de dos parientes. El bebé que estaba en el vientre de Isabel, luego conocido como Juan el Bautista, lleno del espíritu de Dios desde el vientre, reconoció al instante la presencia de su Señor, Jesús, en el vientre de María, y saltó de alegría. Al comprender la señal, Isabel reconoció la importancia del papel de María en el gran esquema del plan divino de Dios.

Alrededor de la época de la concepción de Jesús, en el capítulo 2 de *Mateo*, la Biblia habla de tres sabios que hoy se pueden considerar eruditos o astrónomos. Se dice que estos sabios, que venían de Oriente, recibieron la señal de una estrella y decidieron seguirla para llegar a Judea. Llegaron desde muy lejos, atravesando vastos paisajes, en busca del Rey, cuya estrella vieron aparecer una noche, y que los condujo hasta Jesús.

El nacimiento de Jesús en un pesebre va más allá del resultado de una actividad terrenal; no fue solo producto de una posada abarrotada durante un censo fiscal. La sencillez de los establos fue un indicio de la humildad de Dios, al asumir la forma de hombre y de su voluntad de hacerse humano para ayudar a los hombres a corregir sus errores. El nacimiento de Jesús no fue un mero acontecimiento histórico; las lecciones del valor de María, el viaje de los sabios, las turbulencias políticas y la fe de José resumen la realidad de lo sobrenatural.

Mientras tanto, en el escenario político, Herodes, el gobernante de Judea, se enteró del nacimiento de un rey a través de los sabios y sintió una amenaza a su posición. En *Mateo* 2, Herodes promulgó un decreto por el que todos los niños varones menores de dos años nacidos en Belén debían ser asesinados debido a la amenaza que suponía el nacimiento de Jesús.

Los milagros de Jesús

Tras el nacimiento de Jesús, José, advertido por un ángel en sueños, huyó con María y Jesús a Egipto hasta la muerte del rey Herodes. Sin embargo, por miedo a que el hijo de Herodes siguiera los pasos de su padre, José no regresó a Judea, sino que se trasladó a la tierra de Galilea, a la pequeña ciudad de Nazaret, donde Jesús creció hasta el inicio de su ministerio, a la edad de treinta años. Su concepción en un humilde establo, sus estudios en el templo con los eruditos cuando tenía doce años y su bautismo por Juan a la edad de treinta años, la Biblia registró que Jesús creció en sabiduría y favor. Cuando le llegó el momento de pasar al primer plano de la vida pública, en cumplimiento de la voluntad de Dios, comenzó a hacer cosas notables. Jesús realizó diversos milagros, algunos de los cuales se discuten aquí y otros que conocerá a medida que profundice en el estudio de la Palabra de Dios.

Debe comprender lo extraordinarias que fueron estas señales en una época de dolencias físicas, turbulencias políticas y desafíos económicos. El Mesías venidero era el único faro de esperanza. Al igual que Herodes, todos pensaban que el Mesías prometido, Jesús, venía a liberarlos del dominio romano y a gobernarlos como un rey, pero Jesús tenía planes mucho mejores. Su presencia era para ofrecer esperanza, mucho más allá de las luchas actuales, y una vida de libertad, entonces y después, a todos los que lo aceptaran.

A lo largo de los cuatro evangelios, Jesús cura a los enfermos, ya que muchos acudían a Él en busca de curación. Este acto no era solo una demostración de poder, sino más bien la respuesta sincera de Jesús a los clamores de su pueblo, que necesitaba desesperadamente ser restaurado, ya que se encontraba en una situación terrible con los romanos. Jesús caminaba entre la gente convirtiendo el agua en vino, multiplicando los panes y los peces, e incluso resucitando a los muertos, y cada uno de sus actos tenía un gran significado. No se trataba solo de la magnificencia de los milagros, sino de los receptores de los mismos. Cada persona en cada milagro era un individuo normal que iba por su vida, con sus luchas diarias, esperando una liberación. Jesús llegó en el momento justo, cuando necesitaban desesperadamente un milagro.

Alimentar a la multitud

Una de las hazañas extraordinarias realizadas por Jesús fue la alimentación de los cinco mil y cuatro mil. Este relato de la multiplicación de los peces y los panes quedó registrado en cuatro libros de la Biblia: *Mateo, Marcos, Lucas* y *Juan*. En esta experiencia en particular, Jesús, mientras enseñaba, se compadeció de la multitud que había estado con Él durante tres días en el desierto, sin nada que comer.

No queriendo enviarlos a casa con el estómago vacío, Jesús decidió darles de comer. Sin embargo, sus discípulos le informaron que solo disponían de cinco panes y dos peces. Jesús no se inmutó por la insignificante cantidad de comida en comparación con el número de personas presentes. Pidió a los discípulos que hicieran sentarse a la gente en un orden determinado, tomó el pan y los peces y dio gracias a Dios. Cuando hubo terminado, devolvió el alimento a sus discípulos para que lo distribuyeran entre la gente y hubo más que suficiente para todos. Los cinco panes y los dos peces se distribuyeron con éxito entre cinco mil personas, que comieron hasta saciarse, y sobraron doce cestos de comida.

Jesús alimentando a cinco mil personas[15]

Este milagro reveló que Jesús no solo estaba interesado en el crecimiento espiritual de su pueblo, como lo había demostrado durante los últimos tres días. También estaba interesado en sus necesidades físicas. Además, mostró su poder divino sobre la escasez como símbolo de la abundancia sobrenatural de Dios.

Convertir el agua en vino

Otro milagro asombroso fue en una boda, donde Jesús convirtió el agua en vino. Jesús estaba presente en una boda en Caná, y el vino para los invitados se agotó mientras la celebración aún estaba en pleno apogeo. Esto llevó a los presentes a pedir ayuda a María, la madre de

Jesús. Sabiendo quién era su hijo, María se lo planteó, aunque Jesús había dicho que no era el momento de realizar tales manifestaciones. Sin embargo, movido a compasión, ordenó a los sirvientes que llenaran de agua seis tinajas de piedra vacías y las sirvieran a los invitados. Hicieron caso de las instrucciones de Jesús, y el agua de las tinajas se convirtió en vino. Los invitados reconocieron que el vino era mejor que la primera tanda y preguntaron: «¿Por qué has dejado lo mejor para el final?». (Era costumbre servir primero el mejor vino en cualquier reunión, de modo que cuando los invitados se emborracharan con el vino bueno, no pudieran notar la diferencia).

Jesús convirtió el agua en vino[16]

Este acontecimiento fue el primer milagro público de Jesús y simboliza su autoridad divina, incluso sobre los elementos de la naturaleza. La abundancia y la calidad del vino producido en este milagro también muestran la capacidad de Jesús para provocar alegría y riqueza, incluso en las situaciones más inesperadas.

La mujer con hemorragia de sangre

La Biblia revela la lucha de una mujer que había vivido con una enfermedad particular durante doce años y que había gastado todo su dinero en visitas no provechosas a médicos, pero seguía empeorando. En medio de su dolor por la hemorragia, oyó hablar de Jesús y, con fe, acudió a Él para curarse. Lo hermoso de este milagro es que Jesús no la tocó con sus manos, sino que se curó por su fe, que se manifestó claramente en sus acciones. Ella creía que todo lo que tenía que hacer para sanarse era tocar el manto de Jesús. Sin importarle la presión de la multitud que rodeaba a Jesús, apretó hasta tocar el borde del manto. La hemorragia se secó al instante y consta que Jesús supo inmediatamente que la virtud había salido de Él. Cuando Jesús la encontró entre la multitud, quedó impresionado por su nivel de fe y le dijo que su fe la había curado, en *Marcos* 5:34: «Hija, tu fe te ha curado; vete en paz y queda curada de tu enfermedad».

Este milagro ilustra la compasión de Jesús hacia los enfermos, su disposición a responder a la fe y su poder para curar. También subraya la importancia de la fe y la persistencia en la búsqueda de un milagro.

Estos milagros y muchos más contribuyeron a difundir su fama por todo el país: historias de un hombre que desafiaba las leyes de la naturaleza, que aliviaba a los enfermos y que desafiaba el orden social. No se trataba solo de una serie de acontecimientos, sino que se desarrollaron en respuesta a las necesidades y los retos de la época en la antigua Judea.

El ministerio y las enseñanzas de Jesús

Los milagros no son lo único destacable de la vida de Jesús. Sus enseñanzas formaron una parte esencial del cristianismo actual y sería incompleto analizar la vida de Jesús sin considerar las lecciones que enseñó. No había límites en los temas tratados en las enseñanzas de Jesús. Abarcó todos los ámbitos de la vida: la salvación, el reino de Dios, la fe, las oraciones, la humildad, el dinero, las posesiones, el amor y la compasión, el arrepentimiento, el perdón, el juicio, el fin de los tiempos, etc. Ya fuera directamente o mediante el uso de parábolas, Jesús siempre daba lecciones vitales. Vino a mostrar a los hombres cómo vivir con propósito y sin esfuerzo. Los árboles de la tierra, los peces del mar y los pájaros del cielo no luchan por prosperar en su hábitat natural, y eso fue lo que Jesús vino a mostrar, cómo vivir una vida de adoración total a

Dios sin esfuerzo.

He aquí algunas de las enseñanzas de Jesús, expresadas en parábolas, y las ideas que se pueden extraer de ellas.

La parábola del buen samaritano

En esta parábola, Jesús cuenta la historia de un hombre que fue atacado por ladrones en su camino de Jerusalén a Jericó y pidió ayuda a los transeúntes, pero solo uno quiso ayudarle. La única persona que se ofreció a ayudar fue un samaritano, mientras que los otros que no se detuvieron a ayudar eran un levita y un sacerdote judío. Esta afirmación por sí sola tiene un gran significado tribal, pues en aquellos tiempos, los judíos y los samaritanos eran enemigos. El samaritano lo recostó en su caballo, lo llevó a una posada y pagó sus gastos médicos. Las lecciones son claras: la compasión no conoce fronteras, independientemente de la tribu, la raza, la etnia, la nacionalidad, etc. El amor siempre debe ser lo primero. Hoy, esta parábola desafía a extender la bondad y el cuidado a todos, independientemente de las divisiones o diferencias sociales.

La parábola del hijo pródigo

Jesús cuenta la historia de un hijo descarriado que es acogido en casa por un padre amoroso. Un hombre tenía dos hijos, y el segundo le pidió su herencia, a lo que él accedió. Su hijo se marchó, despilfarró su parte de la herencia y se quedó sin nada, hasta el punto de estar dispuesto a comer con los cerdos. En ese estado de sobriedad, arrepentimiento y reflexión, el hijo volvió a casa de su padre. Suplicó que lo volvieran a acoger, aunque fuera como siervo. El padre lo acogió y celebró una fiesta en su honor.

La parábola subraya el amor incondicional y el perdón de Dios como padre. Hoy recuerda que, sea cual sea el pasado de alguien, siempre puede volver a los brazos abiertos de un Dios compasivo y misericordioso que está dispuesto a recibirlo.

La parábola del grano de mostaza

En esta parábola, Jesús utiliza la analogía de un grano de mostaza para explicar la importancia y el significado de los comienzos humildes o pequeños. El grano de mostaza, cuando se siembra, es considerablemente pequeño. Sin embargo, si se le da tiempo, crece hasta convertirse en una gran planta que contribuye a su entorno. Jesús habla del Reino de Dios, que empezó siendo pequeño, pero floreció de forma extraordinaria. El significado actual reside en el poder transformador de los pequeños actos y los comienzos humildes. Sirve como recordatorio de que incluso los esfuerzos más pequeños pueden tener un impacto profundo.

La parábola de la oveja perdida

En esta parábola, Jesús habla de un pastor que tenía cien ovejas y perdió una. Por amor a ella, dejó a las noventa y nueve restantes y se fue a buscarla. Algunos podrían considerarlo una tontería, pero demuestra un gran amor, sobre todo si se ve a sí mismo como la oveja solitaria. Transmite la búsqueda incesante de Dios por cada individuo. Hoy en día, sirve como estímulo para amar y valorar a todos. Recuerde que nadie está más allá de la redención ni es indigno del amor de Dios.

La parábola del sembrador

En esta parábola, un sembrador fue a sembrar un día determinado. Mientras sembraba, Jesús le explicó que las semillas caían en terrenos diferentes, junto al camino, entre espinos, en terrenos pedregosos y en tierra buena y fértil. Debido a las diferentes bases de las semillas, todas surgieron de forma diferente. Los pájaros se comieron las que estaban junto al camino. Las semillas entre los espinos brotaron, pero las espinas las ahogaron. Las semillas que crecían en suelo pedregoso crecían rápido, pero el sol las quemaba porque la profundidad del suelo no era suficiente para que tuvieran una buena raíz. Finalmente, las que cayeron en tierra buena y fértil prosperaron y produjeron una cosecha treinta, sesenta y cien veces mayor.

Jesús utilizó esta metáfora de los suelos para explicar cómo los cristianos reciben la palabra de Dios en diferentes momentos. Esta parábola enseña la importancia de cultivar un corazón receptivo a la palabra de Dios. Debería servir como desafío para esforzarse siempre por tener un corazón que dé frutos duraderos.

La crucifixión y la resurrección

La crucifixión y resurrección de Jesús marcaron para siempre el curso de la historia. En una época en la que los romanos gobernaban a los judíos, había muchas complejidades en torno a la religión, las exigencias sociales y las expectativas. El uso de la crucifixión como forma de castigo estaba reservado a los criminales más atroces por lo brutal que era. Tras el peso del ministerio de Jesús, era inevitable que surgieran algunos enemigos, especialmente entre quienes no estaban conformes con sus métodos y enseñanzas. Conspiraron e hicieron que lo arrestaran basándose en acusaciones falsas. Jesús, siendo inocente, se enfrentó a la agonía de la cruz. A pesar de ser el hijo de Dios, la Biblia revela que no era inmune al dolor y la vergüenza de la cruz. Esto se demuestra cuando se registra a Jesús orando para no enfrentar el juicio de la cruz en el libro de *Mateo* 26:39; «Padre, si es posible, pase de mí esta copa; pero no sea como yo quiero, sino como tú». Sin embargo, Su crucifixión no fue simplemente un cruel acontecimiento de injusticia entre los hombres y un desafío a las normas sociales y las expectativas religiosas de la época. Fue también una convergencia de su sacrificio divino. Más allá de su significado espiritual, muestra las duras realidades de la opresión romana y lo lejos que estaban dispuestos a llegar los líderes espirituales de la antigüedad para preservar sus creencias.

La crucifixión de Jesús muestra su amor por la humanidad[17]

Tras enfrentarse a la vergüenza y la ira de la crucifixión, Jesús fue enterrado. Sin embargo, tal y como revelaban las profecías de antaño en *Salmos* 16:10: «Porque no abandonarás mi alma en el Seol, ni permitirás que tu Santo vea corrupción», Jesús resucitó. Esto también confirma sus palabras a los discípulos cuando les dijo en *Marcos* 9:31: «El Hijo del Hombre va a ser entregado en manos de hombres. Lo matarán, y a los tres días resucitará». Jesús resucitó de la tumba al tercer día, desafiando a la muerte e inaugurando una nueva vida para todos los creyentes. Su triunfo sobre la tumba y la muerte trajo esperanza y una alegría indecible a todos los que creían en Él.

La crucifixión y la resurrección de Jesús muestran en primer lugar su amor sacrificial. Como dijo en *Juan* 15:13: «No hay amor más grande que este: que uno dé su vida por sus amigos». Esto muestra un amor que va más allá de la cultura y del tiempo. La brutalidad de la crucifixión muestra el peso de los pecados y lo lejos que Cristo estaba dispuesto a llegar para permitir la reconciliación de Dios con la humanidad. La comprensión de este sacrificio arroja más luz sobre la esperanza de un cristiano, más allá de los desafíos de la vida, sobre una vida eterna después de la muerte. Esta es una de las piedras angulares de la fe cristiana.

Momento de reflexión

1. La parábola del hijo pródigo es una poderosa historia de perdón y redención. ¿Hay algún aspecto de su vida que lo haga sentir inadecuado, imperfecto y alejado de Dios, igual que el hijo pródigo? ¿Qué pasos debe dar siguiendo esta parábola?

2. A partir de la parábola del buen samaritano, ¿quién considera que es su prójimo?, ¿hay alguien que necesite una mano de compasión?

3. ¿Cree que la vida, la muerte y la resurrección de Jesús fueron por usted? ¿Cómo puede afectar esta realidad a su relación con Él?

4. Jesús subraya a menudo la importancia de la fe. ¿Está confiando en Dios para algo en su vida ahora mismo? ¿Qué acciones está dispuesto a emprender para demostrar su fe?

Agotar las lecciones de la vida de Jesús en unas pocas páginas es imposible. Para descubrir las muchas lecciones y reflexiones de la vida de Jesús, su nacimiento, milagros, enseñanzas, pruebas, traición, cruz, muerte, sepultura y resurrección, lo animamos a que realice un estudio personal en profundidad. Tómese su tiempo para estudiar los relatos y descubrir las verdades y lecciones que encierran para su vida. No se trata de un relato histórico, sino de una invitación a lo que hay entre los versículos de la Biblia: la oportunidad de experimentar una vida de amor sin fin y una victoria total al lado de Cristo.

Capítulo 5: Los *Hechos* de los apóstoles: la Iglesia primitiva en acción

La historia de los apóstoles en el libro de *Hechos* sigue la vida de personas corrientes que se dedican a sus actividades cotidianas, pero que de alguna manera se encuentran con una experiencia transformadora que provoca un cambio notable en sus vidas y en el mundo. No eran superhéroes ni seres místicos, sino hombres que vivían la vida: pescadores, carpinteros, recaudadores de impuestos, fabricantes, etc. El cambio que experimentaron se debió al encuentro que tuvieron con Jesucristo tras su resurrección. Su llegada supuso para ellos una nueva vida que dio la vuelta al mundo. Eran hombres como usted, que partieron de la incertidumbre y

El cambio que experimentaron los apóstoles se debió al encuentro que tuvieron con Jesucristo[18]

optaron por dejarse guiar por una fe inquebrantable en aquel que los llamó y en quien creyeron.

En este libro se revela un espectro de expresiones y emociones humanas, ya que se trazan los acontecimientos clave de la vida de los apóstoles: de la fe al miedo y de nuevo a la fe, alegría, esperanza e incluso momentos de codicia e ira. En esencia, eran seres humanos con emociones normales, pero tocados por la mano de Dios. La belleza de este libro reside en la capacidad sin fisuras de Dios para hacer algo grande de la nada. Este capítulo muestra la esperanza que hay en entregarse por completo a Dios y anima a permanecer firme en el camino mientras se proclaman las buenas noticias recibidas.

Introducción al libro de los *Hechos*

El libro de los *Hechos* se atribuye al estimado apóstol Lucas, autor también de un *Evangelio* que lleva su nombre. Se reconoce como una continuación ininterrumpida de su detallada narración de la vida de Cristo. San Lucas Evangelista escribió en griego los *Hechos* de los apóstoles, que comienzan con el nacimiento de Cristo y se extienden hasta los primeros días de la Iglesia. Se sabe que este libro fue compuesto entre los años 70 y 90 de la era cristiana y que constituye un relato exhaustivo de los acontecimientos que se desarrollaron en el seno de la floreciente comunidad cristiana.

El estilo y la forma de escribir que se observan en el libro de los *Hechos* se deben a la profesión del escritor. Su cuidado por las cosas más insignificantes y su atención al detalle trascendían su oficio de médico. Se aprecia en la minuciosidad con que relata los inicios de la Iglesia: la recepción del Espíritu Santo, la difusión del *Evangelio*, la conversión de Pablo, etc. Era un erudito, y esa ventaja añadida le ayudó, por inspiración del Espíritu Santo, a encapsular incluso las experiencias de otros cuando él no estaba presente en los acontecimientos. Se cree que Lucas era de ascendencia griega, y algunos historiadores sugieren la posibilidad de que fuera originario de Antioquía de Siria, una provincia sometida a Roma. Sin embargo, ambas afirmaciones siguen sin estar claras. Lo que sigue siendo inequívoco es que la presencia de Lucas en Antioquía se tradujo en un estrecho compañerismo con Pablo a lo largo de sus extensos viajes misioneros. En una de las cartas de Pablo, que se encuentra en el libro de los *Colosenses,* se dirige cariñosamente a Lucas como «el médico amado». Aunque Lucas no menciona explícitamente a Pablo por su nombre, el uso del «nosotros» en ciertas secciones del libro de los *Hechos* implica claramente su participación directa en varios acontecimientos cruciales junto a Pablo. Terminar lo que había empezado era importante para él, como se ve en *Hechos* 1:1-2, donde le dice claramente al destinatario del libro de los *Hechos*, un hombre llamado Teófilo, que lo correcto era que, después de hablar de la vida de Jesús, desde su nacimiento hasta el día de su resurrección, hablara también de la vida y el papel de los primeros apóstoles en la difusión del *Evangelio*. Lo consiguió en gran medida, ya que proporcionó un registro bien documentado de los acontecimientos que rodearon el crecimiento de la primitiva comunidad cristiana.

La presencia de los *Hechos* de los apóstoles en el *Nuevo Testamento* es vital para la plena comprensión del mensaje que transmite, que en esencia es la transición desde la venida de Cristo y cómo la asumieron sus discípulos. Muestra la serie de acontecimientos desde la ascensión de Cristo hasta la venida del Espíritu Santo en el aposento alto; cómo las personas que quedaron sumidas en la duda, la preocupación y el miedo tras la muerte de Cristo, se llenaron de audacia y poder con la venida del Espíritu Santo. No tener esto como parte del compendio del *Nuevo Testamento* habría hecho todo el libro imposible de entender.

Pentecostés: La venida del fuego y del poder

El Pentecostés era inicialmente una celebración de los judíos; era un tiempo en el que se esperaba que se reunieran con sus familias y se regocijaran ante Jehová, su Dios. Debían observar esta celebración con una ofrenda voluntaria a Jehová. Era una fiesta de un día, que tenía lugar cincuenta días después de la Pascua. Pentecostés tiene su origen en la palabra griega «quincuagésimo», tradicionalmente referida como la fiesta de la cosecha o la fiesta de las semanas, y adquirió un nuevo significado para los creyentes en el capítulo 2 de los *Hechos*. Más allá de su significado original, ahora se considera el cumpleaños de la Iglesia cristiana, que marca la llegada transformadora del Espíritu Santo.

«Cuando llegó el día de Pentecostés, estaban todos reunidos en un mismo lugar. De repente, vino del cielo un estruendo como de un viento impetuoso, que llenó toda la casa donde estaban sentados. También recibieron lenguas repartidas, como si se les apareciera fuego y se posara sobre cada uno de ellos. Y todos fueron llenos del Espíritu Santo y comenzaron a hablar en otras lenguas, según el Espíritu les decía que hablasen». (Hechos 2:1-4)

Este acontecimiento, como se registra en *Hechos 2*, fue un cumplimiento de la profecía dada al profeta Joel en *Joel* 2:28-32 sobre Pentecostés. Este cumplimiento de la profecía se convierte en una de las razones por las que Jesús les pidió que esperaran un tiempo en Jerusalén antes de salir a proclamar el *Evangelio*.

> *«Y sucederá después que derramaré mi Espíritu sobre toda carne; sus hijos y sus hijas profetizarán, sus ancianos soñarán y sus jóvenes verán visiones. Incluso sobre los siervos y las siervas de aquellos días derramaré mi Espíritu. El sol se convertirá en tinieblas, y la luna en sangre, antes que venga el día grande y temible del SEÑOR. Y sucederá que todo el que invoque el nombre de SEÑOR se salvará. Porque en el monte Sion y en Jerusalén habrá quienes escapen, como ha dicho SEÑOR, y entre los supervivientes estarán los que SEÑOR llame».* (Joel 2:28-32)

El acontecimiento distingue al cristianismo y es un estilo de culto único y hermoso. Se considera superior a otras religiones debido a una promesa cumplida: la presencia del Espíritu Santo entre los creyentes.

Después de la resurrección de Jesús, Él no ascendió inmediatamente. Se quedó un tiempo, hablando con sus discípulos y fortaleciendo su fe. En medio de eso, sus corazones se agitaron para salir a predicar el *Evangelio*, pero aún no tenían el poder y la audacia que necesitaban para declarar con confianza la buena nueva, y este poder fue la promesa que Jesús les hizo, que solo recibirían si esperaban en Jerusalén. Hasta ahora, desde el *Antiguo Testamento* hasta los primeros cuatro libros del *Nuevo Testamento*, solo se ha mencionado que el Espíritu de Dios reposaba sobre los hombres en los que encontraba favor y no dentro de ellos. Sin embargo, este método de recibir el Espíritu Santo cambió totalmente. Los discípulos, siguiendo las instrucciones de Jesús, esperaron en Jerusalén durante diez días, un testimonio de su fuerte fe a pesar de la ausencia de Jesús. Esto fue notable, teniendo en cuenta el miedo que debieron sentir tras la brutal muerte de su líder. En lugar de huir, una opción lógica en aquel momento, se quedaron y esperaron. El resultado fue la efusión del Espíritu de Dios sobre todos los presentes en el aposento alto.

En los cuatro primeros libros del *Nuevo Testamento*, solo se menciona que el Espíritu de Dios se posa sobre los hombres en los que encuentra favor, no dentro de ellos[19]

El día de la ceremonia de Pentecostés, los apóstoles estaban todos juntos orando. La Biblia describe la venida del Espíritu Santo como un sonido proveniente del cielo, como el de un viento impetuoso que se precipitaba en una dirección y llenaba el espacio en el que se encontraban, seguido de la aparición de lo que se describió como «Lenguas de fuego repartidas» que se posaron sobre cada uno de los presentes. Algo aún más extraño y magnífico fue lo que siguió al sonido y al fuego. Los discípulos, con la ayuda del Espíritu Santo, hablaron en las lenguas de las diferentes personas presentes durante la fiesta de la cosecha como confirmación de su presencia en ellos. Lo que añade grandeza es que durante el Pentecostés se reunieron peregrinos de diversas lenguas. A pesar de esta diversidad, los discípulos fueron escuchados por todos en sus respectivas lenguas. Algunos de los presentes pensaron que los discípulos estaban borrachos, pero Pedro, el discípulo de Jesús, que antes era tímido, ahora lleno de tanta confianza, refutó audazmente su afirmación y con confianza comenzó a predicar a todos los presentes. Habló de cómo Jesús de Nazaret, a quien habían crucificado, era su Mesías anunciado y el Cristo vivo, el que había vencido al pecado y a la muerte y ahora estaba sentado victoriosamente a la derecha de Dios.

La gente se arrepintió de sus actos pasados y preguntó a Pedro qué debían hacer. Pedro los condujo al pleno arrepentimiento diciéndoles cómo debían apartarse de sus malos caminos, arrepentirse de todo corazón, creer y recibir a Jesucristo como su Señor y salvador personal. Aquel día, cerca de tres mil personas fueron salvadas y pasaron a formar parte del cuerpo de Cristo por el poder del Espíritu Santo. La enseñanza de Pedro aquel día es uno de los sermones más importantes y poderosos de todo el *Nuevo Testamento*. Aquel momento encendió un fuego que dio lugar a la difusión del *Evangelio* entre los judíos y entre los gentiles.

El estudio del acontecimiento de Pentecostés encierra un gran significado, desde el fuerte sonido que se oyó en cielo hasta el fuego llameante y su forma de lengua, hasta la declaración que recibieron los apóstoles. Sin embargo, hay dos significados clave que deben destacarse: el cumplimiento de la promesa de Dios, que demostró que siempre cumple su palabra, y que no importa el tiempo que tarde, anima a esperar porque cumple, como se ve en *Habacuc* 2:3. El segundo es la importancia de la venida del Espíritu Santo. Dios no envió Su Espíritu para que usted se quede sentado; Él imbuye a los hombres con el poder de su Espíritu para hacer su voluntad sin problemas. Esto es evidente con el apóstol Pedro y los otros apóstoles, quienes se acobardaron habiendo recibido al Espíritu Santo y luego se volvieron lo suficientemente audaces para guiar a tres mil almas a la salvación en un día. Después de la efusión del Espíritu de Dios, los apóstoles y todos los demás seguidores de Jesús continuaron activamente en la propagación y proclamación de la buena nueva, que es el amor de Dios por el mundo.

La propagación del *Evangelio* entre los apóstoles

El acontecimiento de Pentecostés dio lugar a una nueva expresión del reino de Dios, tan profunda que hizo que la mayoría de los judíos de antaño estuvieran completamente rendidos al *Evangelio*. Es frecuente que, al estudiar la Biblia, se pasen por alto palabras y frases clave, por lo que se debe prestar mucha atención a cada palabra. Esto ayuda a comprender de forma equilibrada lo que el Espíritu Santo trata de enseñar en ese versículo. Al comienzo de *Hechos* 3, se usa intencionalmente una palabra, «Ahora» en ciertas traducciones y «Un día» en otras. Esta palabra o frase mostraba una transición, un cambio, un punto culminante o un marcador, que indicaba que algo diferente estaba a punto de suceder o había sucedido. Esto es digno de mención porque muestra a hombres que habitualmente eran pescadores y tenderos haciendo cosas que dejan a los demás admirados de Dios.

Esto ayuda a comprender de forma equilibrada lo que el Espíritu Santo trata de enseñar en ese versículo[20]

Cuenta la historia que Pedro y Juan, de camino al templo como en otras ocasiones, se encontraron con un hombre cojo de nacimiento que pedía limosna en la puerta del templo (conocida como «la Puerta Hermosa»). Aunque no era la primera vez que veían a este hombre, su encuentro con el Espíritu Santo hizo que todas sus experiencias en adelante fueran novedosas y únicas. Levantando las manos, les pidió limosna, pero esta vez, Pedro tenía una ayuda mejor para ofrecer al cojo: Jesús. Pedro dijo claramente que no llevaba ni plata ni oro, pero que le daría lo que tenía, e invocando el nombre de Jesús, ordenó al cojo que se levantara y caminara. Ese mismo día, el cojo recibió curación espiritual y física. Hay mucho que aprender de esta singular historia, que se aplica a la vida actual. A menudo, los deseos que anhela desesperadamente pueden convertirse en una espesa nube que lo ciega del poder omnímodo de Dios. El cojo solo tenía la vista puesta en el oro que podía recibir y casi pierde la posibilidad de recibir la liberación espiritual y física.

A partir de ese «Ahora» del primer versículo de *Hechos* 3, la difusión del *Evangelio* se desató, llevándose por delante todo lo que encontraba a su paso. La Biblia registra que más y más personas creyeron, y múltiples señales fueron dadas por Dios a través de las manos de los apóstoles en *Hechos* 5.

> *«Los apóstoles realizaban muchos signos y prodigios entre la gente. Y todos los creyentes solían reunirse en la columnata de Salomón. Nadie más se atrevía a unirse a los apóstoles, aunque gozaban de gran prestigio entre la gente. Sin embargo, a medida que pasaba el tiempo, más y más hombres y mujeres creían en el Señor y se añadían a su número. Como consecuencia, la gente sacaba a los enfermos a la calle y los tendía sobre lechos y esteras para que al menos la sombra de Pedro cayera sobre alguno de ellos al pasar. También de las ciudades vecinas a Jerusalén acudían multitudes con sus enfermos y atormentados por espíritus impuros, y todos quedaban curados». Hechos* 5:12-16 (Nueva Versión Internacional).

La persecución de la Iglesia primitiva y sus desafíos

Con el surgimiento y la difusión del *Evangelio* llegaron profundos desafíos. En *Hechos* 8, se presenta la gran persecución contra los creyentes de Jerusalén. Estaban a punto de tener pruebas y tribulaciones, tal y como Jesús les había informado de antemano. Desde los tiempos de Jesús, las autoridades religiosas de antaño, los fariseos y los saduceos, habían planteado una fuerte oposición a la difusión del *Evangelio*. Viendo a Jesús y a sus seguidores como una amenaza a su autoridad y liderazgo, lucharon fuertemente contra el avance del *Evangelio*.

Antes de que llegaran los asesinatos, la oposición comenzó con amenazas, que llevaron a varios encarcelamientos. Antes de que Pedro y

Juan fueran encarcelados, las autoridades les habían advertido que no predicaran el *Evangelio* ni hablaran o enseñaran en el nombre de Jesús, lo que les animó a difundir a Cristo con más valentía. Con el Espíritu Santo dentro de ellos, no se acobardaron, y Dios realizó algo maravilloso para ellos en la prisión. Un ángel vino esa noche, los liberó y los animó a ir al templo y predicar el *Evangelio* con valentía, lo que asombró a la secta de los saduceos. La persecución se intensificó rápidamente con el arresto de Esteban, uno de los siete elegidos para el ministerio. Fue acusado de blasfemia y apedreado hasta la muerte, convirtiéndose en el primer mártir de la Iglesia primitiva. Esteban, que fue apedreado por las cosas que había dicho y se convirtió en el precursor de futuras persecuciones. Aunque el arresto de Pedro y Juan después de la curación del cojo es el primer registro de la oposición a la que se enfrentó la Iglesia, esta situación no se agrava hasta los capítulos 7 y 8. La persecución a la que se enfrentaron y la forma en que lo hicieron se describe en el capítulo 7.

La forma de reaccionar a la persecución subraya aún más la importancia de que los apóstoles esperaran la efusión del Espíritu Santo. En lugar de ser un obstáculo, la persecución se convirtió en un catalizador que impulsó la difusión del *Evangelio* por toda Judea y partes de Roma.

La persecución y el asesinato de Esteban fueron dirigidos por un hombre llamado Saulo de Tarso, a quien más tarde se conoce como el apóstol Pablo. Su transformación de ávido perseguidor a seguidor activo de Cristo es digna de mención. Siguiendo su liderazgo en la persecución de Esteban, Saulo comenzó una campaña contra cualquiera que fuera seguidor de Jesús, dejando a los creyentes arrastrándose a su paso mientras entraba en sus casas y los llevaba a la cárcel. Se estaba convirtiendo rápidamente en una piedra en el zapato de la Iglesia, pero no tenía ni idea de lo grandes que eran los planes que Dios tenía para él. De camino a Damasco, tras recibir información de que había creyentes reunidos allí, tuvo un encuentro que cambió su vida para siempre.

Mientras iba de camino con otros dos compañeros, una luz brillante los iluminó y se encontraron con Jesús, lo que marcó el punto de inflexión para que este personaje se convirtiera en uno de los apóstoles más venerados de la Iglesia primitiva y hasta la fecha. Hay mucho que aprender de la experiencia de Pablo; el cambio drástico no debió de ser fácil para él. Al principio de su trabajo con Dios, debió de sentirse solo, porque la mayoría de los creyentes aún no confiaban en él. Sin embargo, al cambiar completamente, aprovechó la oportunidad de tener una relación con su antiguo grupo. Aparte de eso, superar la culpa de las atrocidades que cometió en su época de ignorancia no fue fácil.

Incluso con la conversión de Pablo, los desafíos continuaron, pero por cada desafío, la difusión del *Evangelio* se disparaba más alto. La oposición provenía tanto de las comunidades judías como de las gentiles, lo que suscitó problemas internos entre los creyentes judíos y los conversos gentiles. Los creyentes judíos consideraban errónea la prédica del *Evangelio* a los gentiles. No querían asociarse con ellos, y algunos de los apóstoles, como Pedro, también sostenían esta creencia. Se necesitó una visión de Dios para cambiar su punto de vista al respecto. Pedro creía que antes de que la redención se extendiera en la comunidad gentil, primero tenían que convertirse y hacerse judíos. Dios le reveló en una visión que ninguna de las cosas creadas por Él puede ser considerada impura. En la visión, Dios ordenó a Pedro que matara y comiera diversas bestias, y Pedro no quiso hacerlo porque las consideraba inmundas. Tuvo la misma visión tres veces antes de comprender lo que significaba: que Dios aceptaba a todo hombre que temiera a Dios y obrara en justicia, y que tal hombre debía ser aceptado también por sus seguidores. Fue después de esto que Pablo fue a buscar a Pedro y este pudo aceptarlo, en *Hechos* 10.

La lección de este episodio es no juzgar, sino amar y recibir todo y a todos con el amor de Dios. Esta nueva comprensión ayudó a acortar las distancias y contribuyó a la propagación del *Evangelio* por todo el mundo.

Es fácil perderse en alabanzas a Pablo y no verlo como un simple ser humano, ayudado por Dios. Tuvo muchas luchas, pero pudo superarlas todas gracias al poder de Dios que actuaba en él. Cuando se enfrente a retos en la vida, debe saber que su situación no es única y, lo más importante, que el poder de Dios está disponible para ayudarle a superarlos y salir fortalecido. Recuerde que, al igual que el apóstol Pablo, no está solo.

El bautizo de San Pablo[21]

Momento de reflexión

1. El día de Pentecostés es un momento crucial en los *Hechos*, marcado por la efusión del Espíritu Santo. ¿Qué piensa del papel del Espíritu Santo en su vida actual?

2. El libro de los *Hechos* describe a la primitiva comunidad cristiana compartiendo todo en común. Reflexione sobre el concepto de vida comunitaria y la generosidad. ¿Cómo puede aplicarse este principio a su alrededor?

3. La conversión de Saulo (más tarde Pablo) es un punto de inflexión importante en los *Hechos*. ¿Ha experimentado alguna vez un momento de transformación de sus creencias o valores? ¿Cómo influyó en su perspectiva y sus acciones?

4. Los viajes misioneros de Pablo y otros apóstoles ponen de relieve la expansión del cristianismo a diversas culturas. ¿Cómo se siente compartiendo su fe con los demás?

5. Los *Hechos* relatan varios casos de curaciones milagrosas. Si pudiera realizar un milagro de curación, ¿qué dolencia o afección elegiría tratar, y por qué?

6. Reflexione sobre el concepto de resiliencia ante la persecución, como se ve en la vida de los primeros cristianos en los *Hechos*.

¿Cómo pueden esas experiencias inspirar su perseverancia en circunstancias difíciles?

7. La visión de Pedro responde a sus preguntas sobre la inclusión de los gentiles en la fe cristiana. Reflexione sobre momentos de su vida en los que haya tenido que sortear y conciliar diferencias de creencias o prácticas con otras personas.

La historia de la Iglesia primitiva muestra una unión de intervención divina y determinación humana, que dio lugar a resultados increíbles. Mírese a usted mismo a través de la lente de la Iglesia primitiva y de cada uno de los apóstoles de los que se habla en el libro de los *Hechos*. No hay límites si elige caminar y trabajar mano a mano con el Espíritu Santo; los resultados van más allá de lo que puede imaginar. El significado del libro de los *Hechos* enfatiza la paz, el gozo y la confianza que trae *Mateo* 19:26 cuando dice: «...¡Con Dios, todo es posible!».

Capítulo 6: Las cartas de Pablo: fundamentos de la doctrina cristiana

Algunos se referían a Pablo como el apóstol del progreso; su vida fue verdaderamente progresista en el sentido en que se ve hoy en día. Como muchos, no acertó en el primer intento, pero al final lo hizo. Pablo progresó en formas que asombraron y todavía asombran a muchos. Muy pocos de los doce apóstoles de Jesús pudieron igualar el impacto que tuvo Pablo. No se trata de restar importancia a sus funciones y esfuerzos en el establecimiento y el avance de la Iglesia primitiva; realizaron una labor muy importante. Sin embargo, Pablo regaló a los cristianos sus epístolas, sobre las que se asientan los cimientos de la Iglesia primitiva y moderna. Estos cimientos siguen firmes hoy en día gracias a los sacrificios de un hombre que hizo todo lo posible para asegurar la difusión del cristianismo más allá de las fronteras de Judea.

San Pablo[23]

¿Quién es Pablo y qué hace tan profunda la vida de este mensajero de la gracia? Este capítulo está dedicado exclusivamente a sus antecedentes, ocupación, servicio, conversión, pruebas, viajes misioneros, enseñanzas, cartas y ministerio en general.

Los primeros años del apóstol Pablo

Con el tiempo, Pablo fue conocido como muchas cosas: Apóstol, pionero espiritual, pensador crítico, San Pablo, maestro de los gentiles, etc. Sin embargo, antes de que existieran estos nombres, era simplemente *Saulo de Tarso*, fabricante de tiendas de campaña, fariseo por educación y celoso perseguidor de los primeros cristianos.

Saulo nació en Tarso, una vibrante ciudad al este de Cilicia. Al igual que con otras figuras prominentes de la antigüedad, existen discrepancias sobre el lugar exacto de su nacimiento. Otros creen que nació en una ciudad de Galilea llamada Giscala y que se trasladó a Tarso con sus padres en los primeros años de su vida. No ha sido posible determinar la fecha exacta de su nacimiento, pero se han hecho intentos basados en la información recopilada. Dado que en el libro de los *Hechos* se le menciona como un joven durante la persecución de Esteban y que estuvo activo en sus viajes misioneros durante los años 40 y 50, se dedujo que debió de nacer alrededor de la época de Jesús, es decir, en el año 4 a. C., o un poco más tarde. Se calcula que murió entre los años 62 y 64 d. C.

Crecer en Tarso tuvo mucha importancia en los últimos años de Pablo, ya que era una ciudad prominente y una provincia gobernada por los romanos, lo que dio lugar a una rica diversidad cultural. Los antecedentes de Pablo como ciudadano romano y fabricante de tiendas moldearon su capacidad para adaptarse a múltiples culturas y le proporcionaron una sólida formación educativa. Esto le ayudó a tender puentes entre judíos y gentiles por el bien del *Evangelio* durante el cumplimiento de su ministerio. Su educación judía transcurrió bajo la tutela de Gamaliel, un fariseo y rabino judío muy estimado en su época. También adquirió destreza en otras áreas esenciales, como ser bilingüe y aprender el oficio de la fabricación de tiendas, que le proporcionaron habilidades prácticas y esenciales en aquella época, así como apoyo financiero durante sus numerosos viajes misioneros.

La conversión de Pablo: De adversario a aliado

La conversión de Pablo de fariseo a gran antagonista de las enseñanzas del fariseísmo, de joven de una ciudad fuertemente pagana a gran crítico de todas sus prácticas, y de hebreo de nacimiento a fuerte contendiente contra el exclusivismo judaico, fue un milagro.

Pablo creció y se volvió muy riguroso, rigor que utilizó en su persecución de la Iglesia primitiva. Esto se debió a su educación por parte de un maestro judío de renombre, que estaba en perfecta consonancia con las leyes de sus padres. Debido a su rigurosa adhesión a las leyes mosaicas, los judíos son conocidos como una de las sectas más estrictas. Conocido todavía como Saulo de Tarso en los primeros capítulos de los *Hechos*, la devoción de Pablo al fariseísmo se apreció en su celo por la persecución de la Iglesia primitiva. Se oponía fervientemente a lo que consideraba una desviación del judaísmo. En los capítulos octavo y noveno se revela hasta dónde estaba dispuesto a llegar para defender sus creencias. En *Hechos* 8:1-3 y *Hechos* 9:1-2, el papel de Pablo fue significativo en el castigo impuesto a todos los que decidieron seguir a Jesús, consintiendo la lapidación de Esteban, el primer mártir cristiano. Más tarde, en *Timoteo* 1:13, se describe a sí mismo en esta época de su vida como perseguidor, blasfemo e insolente. Sin embargo, todas estas versiones de él estaban a punto de cambiar.

En *Timoteo* 1:13, se describe a sí mismo como perseguidor, blasfemo e insolente[23]

Su victoria en la conquista y persecución de la Iglesia alimentó sus ambiciones. Subió la apuesta y comenzó a perseguir a los cristianos de otros pueblos y ciudades. Esto lo empujó a viajar a Damasco desde Jerusalén con la esperanza de encontrar allí seguidores de Cristo. Fue precisamente en este viaje cuando tuvo lugar su conversión; se dice que fue «arrestado por Dios». Mientras Saulo viajaba con sus compañeros, habiendo recibido una carta del Sumo Sacerdote que le permitía perseguir a los cristianos de la sinagoga de Damasco, experimentó el momento más transformador de su vida. Durante el encuentro, una luz brillante descendió del cielo sobre él y oyó una voz, como se ve en *Hechos* 9:4-6

Cayó en tierra y oyó una voz que le decía: «Saulo, Saulo, ¿por qué me persigues? Y él respondió: "¿Quién eres, Señor?" Y el Señor dijo: "Yo soy Jesús, a quien tú persigues; duro te es dar coces contra el aguijón". Y él, temblando y asombrado, dijo: "Señor, ¿qué quieres que haga?". Y el Señor le dijo: "Levántate y entra en la ciudad, y se te dirá lo que debes hacer"».

La intensidad de este encuentro lo cegó y tuvo que ser sostenido durante el resto del viaje hasta Damasco. Mientras estuvo allí, permaneció ciego durante tres días y no comió ni bebió. En ese momento, Dios estaba dando instrucciones a uno de sus siervos, Ananías, para que fuera a verlo y le ayudara a recuperar la vista. Ananías, conociendo la reputación de Pablo, dudaba. Sin embargo, fue en plena obediencia a las instrucciones de Dios. Al entrar en casa de Pablo, lo curó, lo bautizó y lo llenó del Espíritu Santo, lo que marcó su nacimiento en la fe cristiana. Tras su conversión, Pablo no tardó; inmediatamente se le vio predicando sobre Jesús en la sinagoga. A muchos les costaba creer que el principal responsable de la persecución de la Iglesia, que había ido a Damasco precisamente para eso, abogara ahora por la causa contra la que había luchado.

Aunque muchos quedaron asombrados, a otros, como a los dirigentes judíos, no les hizo ninguna gracia y trataron de matarlo. Consciente de la amenaza que pesaba sobre su vida, escapó en una cesta a través de una abertura en la muralla de la ciudad, con la ayuda de los discípulos presentes. A partir de entonces, entró en un nuevo capítulo de su vida, completamente dedicado a la prédica del *Evangelio* y bajo el nombre de Pablo. Esta nueva etapa de la vida de Pablo contrasta con la del Saulo antes de su conversión, lo que muestra el profundo impacto de su encuentro con Cristo resucitado en el camino de Damasco. Esta transición de perseguidor a apóstol pone de relieve el poder transformador de la gracia y la redención de Dios en el camino de Pablo.

Las epístolas de Pablo

En las numerosas epístolas escritas por el apóstol Pablo se percibe su destreza literaria. Sin embargo, esta destreza se atribuyó menos a su pericia en la escritura y más a la obra divina del Espíritu Santo actuando a través de él. Las epístolas de Pablo, al ser fundacionales del *Nuevo Testamento,* dieron forma a la teología cristiana.

He aquí un resumen detallado de estas cartas y su propósito;

Romanos: Desvelar los fundamentos de la fe

El libro de *Romanos* fue escrito originalmente para la Iglesia cristiana de Roma y, por extensión, también para los cristianos de hoy en día. Su poderoso mensaje y su estilo claro, comprensible, conciso y sistémico de presentación de la doctrina cristiana lo convirtieron rápidamente en uno de los favoritos de los cristianos jóvenes o nuevos. *Romanos* siempre figura en la lista de primeras lecturas del estudio bíblico de un nuevo cristiano

El apóstol Pablo escribió la *Epístola a los romanos* para abordar varias preocupaciones teológicas y pastorales clave dentro de la comunidad cristiana de Roma. Abordó temas que van desde la redención de los creyentes por medio de la fe y la justicia de Dios, hasta la necesidad de salvación del mundo. La riqueza teológica que posee *Romanos* la convierte en piedra angular de la doctrina cristiana. En la época en que el apóstol Pablo escribió esta epístola a la Iglesia romana, la comunidad cristiana de Roma estaba formada tanto por judíos como por gentiles. No es noticia que hubiera discriminación hacia los gentiles por parte de los cristianos judíos. En su carta, subraya la importancia de la unidad y la comprensión mutua entre ellos, al tiempo que destaca su salvación compartida mediante la fe en Cristo Jesús en *Romanos* 15:5-7. Es muy fácil que surjan conflictos en las relaciones cuando no se está atento, incluso por las razones más insignificantes. Puede pasarle con su cónyuge, un hermano, un amigo, un hijo, un compañero de trabajo, etc., pero Pablo le anima a recordar siempre que debe recibir a todas las personas de la misma manera que Cristo lo recibió a usted.

1^a y 2^a *Corintios*: Sabiduría y orientación para la Iglesia

Así como *Romanos* aboga por la unidad, el libro de *Corintios* se dirige a la Iglesia de Corinto, una gran ciudad de Grecia. Es uno de los libros clave del *Nuevo Testamento* y se centra en la unión dentro del cuerpo de Dios. Corinto, al ser un centro de la cultura griega, era una ciudad comercial repleta de gente de todo el mundo, y esto se reflejaba en la población total de la Iglesia. La naturaleza diversa de la Iglesia significaba que los desacuerdos eran casi inevitables. El amor y la armonía eran los temas más discutidos, después de la inmoralidad, entre los cristianos de Corinto.

El tema de la moralidad era también uno de los principales para la Iglesia de Corinto, y lucharon mucho con él. Criados en el corazón de Grecia, con costumbres paganas en las que los ritos sexuales eran habituales en fiestas y ceremonias, y palabras como castidad y monogamia eran novedosas, a estos nuevos cristianos les resultaba difícil defender la moralidad. Por eso, el apóstol Pablo vio la necesidad de poner más empeño en abordarla. Además de abordar estos dos temas, Pablo también habla de otras cosas, como el mal uso de los dones espirituales. En la primera parte de *Corintios* da orientaciones sobre temas como el matrimonio y la cena del Señor. La segunda parte de este libro se ocupa de la defensa que Pablo hace de su apostolado, discutiendo cómo debe ser la verdadera naturaleza de un ministerio cristiano y animando a sus seguidores a vivir a la luz de la nueva alianza. En general, el tema central de ambos libros es el equilibrio entre la gracia y la disciplina en una comunidad cristiana diversa.

Gálatas: La libertad en la gracia de Cristo

El apóstol Pablo conduce a la Iglesia de Gálatas a través de una serie de enseñanzas y exhortaciones en la carta que les dirige. Dirigida a ellos en Galacia, su carta se centraba en el tema de la gracia, oponiéndose vehementemente a cualquier forma de enseñanza legalista que se abriera paso en la Iglesia. En esta carta, mostraba la completa suficiencia de la fe en Cristo para obtener la salvación, despejando cualquier duda y aclarando que no necesitaban la ley, es decir, los principios judíos, para garantizar su redención en Cristo.

Los temas clave de *Gálatas* son la redención por medio de la fe, la libertad en Cristo y la crucifixión con Cristo. En *Gálatas* 6:14, Pablo informa a la Iglesia de Galacia: «Pero lejos esté de mí gloriarme, sino en la cruz de nuestro Señor Jesucristo, por quien el mundo es crucificado ante mí, y yo ante el mundo». Aquí les habla de identificarse con la muerte y resurrección de Cristo y de cómo esta unión con Cristo transforma la vida cristiana. Otra escritura profunda sobre el tema de la redención por medio de la fe es *Gálatas* 2:16:

> *«Pero sabemos que el hombre no se redime por las obras de la ley, sino por la fe en Jesucristo, así también nosotros hemos creído en Cristo Jesús, para ser redimidos por medio de la fe en Cristo y no por las obras de la ley, porque por las obras de la ley nadie será redimido».*

Esta escritura enseña que la redención solo puede venir a través de una fuente, que es la fe en Cristo; cualquier otro esfuerzo resulta inútil. Tratar de ganar la salvación en sus propios términos y por su esfuerzo muestra que está socavando la obra terminada de Cristo. Esto se dice sin menoscabar el lugar de la disciplina espiritual.

Efesios: La unidad del cuerpo en Cristo

Mientras realizaba su tercer viaje misionero, el apóstol Pablo estuvo en la ciudad de Éfeso durante más de dos años, donde predicó. Siendo una ciudad que albergaba el templo de la diosa griega Artemisa, muchos se opusieron a su ministerio por diferentes razones. Sin embargo, muchos también se convirtieron a la fe. Tras su marcha, fue encarcelado por primera vez, y se cree que fue allí donde escribió la *Epístola a los efesios* junto con otras cartas como *Filipenses*, *Colosenses* y *Filemón*. El libro de *Efesios* adoptó un enfoque más formal. No se sabe si se debe a su importancia o a su menor conocimiento de la Iglesia de Éfeso.

En esta carta, Pablo habla de temas que constituyen el núcleo de la fe y la práctica cristiana. Aborda temas como el misterio de la voluntad de Dios, la unidad en Cristo y la guerra espiritual. En los tres primeros capítulos de la carta, Pablo habla de cómo Dios, mediante el don de la gracia en la muerte y resurrección de Jesucristo, creó una comunidad especial y santa. En esta comunidad, Él escogió especialmente a individuos y los adoptó como sus hijos e hijas a través de los logros de Cristo. Independientemente de que fueran judíos o gentiles, todos los partícipes de esta gracia habían estado muertos espiritualmente debido a sus malas acciones, pero fueron traídos a la vida a través de las obras de Cristo.

No pretendía abordar un problema concreto de moral o teología, sino que se centraba en evitar problemas futuros haciendo que los seguidores de la Iglesia de Éfeso crecieran en su fe y se convirtieran en cristianos maduros. Después de desarrollar estas profundas verdades teológicas en la primera mitad del libro, Pablo expresó sin rodeos sus expectativas: esperaba que esta comunidad de cristianos encarnara su vocación celestial. Así, al dividir la carta en segmentos, aunque no intencionadamente, la primera parte muestra la verdad, que al aplicarse hace posible el estilo de vida del que habla la segunda parte. Versículos bíblicos como *Efesios* 1:9-10, *Efesios* 4, *Efesios* 6, etc., abordan estos temas directamente y permiten una mejor comprensión.

Filipenses: Gozo en la unidad y semejanza a Cristo

El libro de *Filipenses* es uno de los libros del *Nuevo Testamento* que se ha convertido en un gran éxito entre los cristianos de hoy en día debido a sus versículos interesantes y fáciles de leer. Todos los libros de la Biblia tienen algunos versículos populares, pero *Filipenses* tiene una gran cantidad de ellos. Un versículo como *Filipenses* 1:6, que dice: *«El que comenzó en ustedes la buena obra, la perfeccionará hasta el día de Cristo»*, transmite una hermosa esperanza; sirve para tranquilizar a quien se siente abrumado o está a punto de rendirse.

Otro de esos grandes versículos que despiertan la fe es *Filipenses* 4:13, que dice: **«Todo lo puedo en Cristo, que me fortalece»**. Este versículo proporciona la audacia y la confianza para atravesar los retos más difíciles. No es una confianza en las propias capacidades, sino en el excelente poder de Dios. Una tercera es: *«Para mí vivir es Cristo y morir es ganancia»*, *Filipenses* 1:21. Esta declaración de Pablo muestra la insignificancia de este mundo sin Cristo y la recompensa de una vida mejor, que viene después de este mundo.

Estos versículos, escritos originalmente a la Iglesia de Filipos mientras Pablo estaba en prisión, son amados y apreciados por la Iglesia y fueron escritos para abordar temas clave, como la alegría en todas las circunstancias, la unidad y la humildad, enfatizando en la semejanza con Cristo y el valor superlativo de conocerlo. Irradia alegría en medio de circunstancias difíciles. Desde la cárcel, expresa su gratitud por la colaboración de la Iglesia en el *Evangelio* y comparte profundas ideas sobre la vida cristiana.

Colosenses: Abrazar la plenitud de la supremacía de Cristo

La *Epístola a los colosenses*, escrita por Pablo durante su encarcelamiento en Roma (hacia el 60-62 d. C.), desvela las profundas enseñanzas relativas a la supremacía de Cristo. Esta carta, dirigida a la Iglesia de Colosas, es una poderosa exposición sobre la suficiencia total de Cristo en materia de fe y salvación. Se cree que la iglesia de Colosas fue establecida durante su tercer viaje misionero por uno de sus conversos, Epafrás, un colosense que visitaba Éfeso. En respuesta a las buenas nuevas que había escuchado de Pablo, regresó a su ciudad para compartirlas con todos. Este escenario era como la historia de la mujer samaritana que entró en contacto con Jesús en *Juan* 4:5-30 y tuvo el mismo resultado.

Este escenario fue como la historia de la mujer samaritana que entró en contacto con Jesús en *Juan* 4:5-30 y tuvo el mismo resultado[24]

La primera reacción después de escuchar la prédica del *Evangelio* siempre es compartirlo. Como cristiano, la prueba de que la palabra de Dios está implantada en un corazón es el deseo y celo por compartirla con los demás. Aunque Pablo nunca tuvo la oportunidad de visitar la Iglesia colosense, a través de su relación con Epafrás, se enteró de las luchas que enfrentaba la Iglesia y no perdió tiempo en abordarlas de frente. Escribió la *Epístola a los colosenses* tras comprobar que la supremacía del reinado de Cristo como cabeza de la Iglesia e hijo de Dios estaba siendo degradada por algunos falsos maestros.

La Iglesia de Colosas estaba siendo atacada por falsos maestros que denigraban la deidad de Jesús; enseñaban que, en realidad, no era Dios. Pablo abordó estas cuestiones haciendo hincapié en la preeminencia de Cristo en la creación, la redención y la reconciliación de todas las cosas, instando a los cristianos a reconocer y abrazar su supremacía integral, como se puede ver en *Colosenses* 1:15-20, *«Él es la imagen del Dios invisible, el primogénito de toda la creación.... Porque en él se complació en habitar toda la plenitud de Dios».*

También trató otros temas, como encontrar la plenitud total en Dios y vivir la vida totalmente en Él. Advierte que no se deben considerar otras ideas, como filosofías engañosas y tradiciones humanas, y que se deben abrazar virtudes como la compasión, la bondad, la humildad, la paciencia y la mansedumbre en Cristo.

1ª y 2ª *Tesalonicenses*: Abrazar la esperanza, la vida santa y la expectativa del fin de los tiempos

Las cartas a los tesalonicenses, probablemente escritas por Pablo a principios de los años 50 d. C., se centraban en la anticipación del regreso de Cristo, la importancia de llevar una vida santa y la orientación sobre qué esperar de los últimos tiempos. Destinadas a los cristianos de Tesalónica, estas epístolas ofrecen ánimo, consejos prácticos y perspectivas sobre lo que cabe esperar en el futuro. Su mensaje central versa sobre la expectación y la esperanza que debe tener un cristiano respecto a la segunda venida de Cristo. Aborda las preocupaciones de la gente por la suerte de un cristiano difunto, enseñándoles en profundidad los acontecimientos que rodean la segunda venida de Cristo y la vida práctica de un cristiano santo, una vida tranquila, sobresalir en el amor y trabajar con diligencia.

Una escritura que rápidamente puede entrar en su lista de favoritos es *Tesalonicenses* 5:16-18. Allí, Pablo afirma: «Alégrense siempre, oren sin cesar, den gracias en toda circunstancia; porque esta es la voluntad de Dios para con ustedes en Cristo Jesús». Es un mandato tranquilizador y alentador, que brinda paz y sosiego a quien se aferra a él de todo corazón.

Otras epístolas: Navegar por la sabiduría paulina y el consejo pastoral

El resto de la colección de libros de las *Epístolas paulinas*, que comprende *Timoteo, Tito, Filemón y Hebreos*, añade la delicadeza adicional que necesitan los cristianos para comprender bien el modo de vida de la nueva era del cristianismo. Puede que algunas de estas cartas no hayan sido escritas directamente por Pablo, pero están en consonancia con sus enseñanzas. Abordan múltiples temas, desde asuntos sobre liderazgo y conducta cristiana hasta la relación con Dios y la supremacía de Cristo. Aunque algunos de estos temas se tratan en los libros anteriores, estas últimas epístolas vuelven a hacer hincapié en ellos. Por ejemplo, el libro de *Hebreos* dedica amplios capítulos a hablar de la supremacía de Cristo, aportando ideas cruciales sobre el tema de la nueva alianza y el significado de la fe.

Momento de reflexión

1. La enseñanza del apóstol Pablo sobre la redención por medio de la fe, ¿cambió su visión sobre la salvación?

2. ¿Cómo puede contribuir a fomentar la unidad en su comunidad cristiana local?

3. Reflexione sobre la metáfora paulina del cuerpo. ¿Cómo configura su visión de la diversidad dentro de la Iglesia?

4. ¿Qué dones espirituales cree que Dios le dio y cómo puede utilizarlos para servir a los demás?

5. ¿Cómo inspira sus relaciones con los demás la descripción del amor que hace Pablo en *Corintios* 13?

6. Reflexione sobre un momento en el que haya experimentado el consuelo de Dios. ¿Qué impacto tuvo en su fe?

7. ¿En qué áreas de su vida necesita buscar la reconciliación, siguiendo las enseñanzas de Pablo?

8. ¿Cómo influye el reconocimiento de la supremacía de Cristo en su perspectiva de los desafíos de la vida?

9. Al reflexionar sobre su identidad en Cristo, ¿cómo determina su autoestima y su propósito?

10. ¿Cómo puede mantener un espíritu alegre en la adversidad, como recomienda Pablo?

11. Reflexione sobre el papel de la gratitud en su vida y su relación con la alegría.

¿De qué manera puede cultivar la humildad en sus interacciones con los demás? ¿De qué manera el modelo de liderazgo de servicio de Pablo desafía sus percepciones comunes sobre el liderazgo?

La vida del apóstol Pablo es un testimonio del poder transformador de la gracia de Dios. Su viaje de perseguidor celoso a devoto seguidor de Cristo refleja el profundo impacto del encuentro con Jesucristo. Las epístolas de Pablo, llenas de profundidad teológica y sabiduría práctica, siguen guiando e inspirando a los cristianos de hoy. Al navegar por las páginas de sus cartas, encontrará una hoja de ruta para vivir la fe cristiana con autenticidad, amor y una esperanza firme en las promesas de Cristo. El legado perdurable de Pablo se extiende más allá de las iglesias del siglo I y resuena entre los creyentes de todas las épocas, invitándolos a abrazar la gracia que transforma sus vidas y a caminar a la luz del amor redentor de Cristo.

Capítulo 7: *Apocalipsis*

Muchos sienten curiosidad por el futuro y harían cualquier cosa por vislumbrarlo. Este deseo no es exactamente erróneo, pues forma parte de la constitución general del ser humano. Dios no quiere que nadie sea ignorante acerca de las cosas que Él quiere que haga, y si alguien no se encuentra en el plan de Dios, es porque no está alineado completamente con Él. Esto puede ser verificado a través de toda la Biblia, donde se ve a Dios revelar su voluntad y planes a sus siervos, que están en total servicio a Él. Algunas de estas cosas todavía no han sucedido, pero Él las hizo públicas para cualquiera que se preocupe o esté interesado en saber lo que sucederá en el futuro. En libros como *Daniel, Ezequiel, Isaías, Joel, Zacarías,* y el mayor dedicado a esta causa, *Apocalipsis,* hay profecías sobre lo que vendrá en el fin del mundo y el destino de los seguidores de Cristo.

Dios revela sus planes en el libro del Apocalipsis[25]

Dios reveló sus planes a sus siervos fieles para que los compartieran con sus hijos. Aunque la relevancia o importancia de este libro no se limita solo a eso, tampoco trata principalmente del futuro. Hay mucho más que puede ser aprovechado del libro de *Apocalipsis*, y una buena comprensión de él le ayudará a crecer y mejorar su conocimiento de Dios y su voluntad para usted.

Introducción al *Apocalipsis*

El libro de *Apocalipsis* se deriva de la palabra griega «*apokalypsis*», que significa «develación» o «revelación». A diferencia del *Antiguo Testamento*, que tiene varios ejemplos, el libro de *Apocalipsis* es el único libro apocalíptico en el *Nuevo Testamento*. Este libro es uno de los más desafiantes para los cristianos debido a las vívidas imágenes y al simbolismo que contiene. Muchos prefieren leer cualquier otro libro de la Biblia antes que el *Apocalipsis*. Tener una comprensión de este libro a través de una visión general ayuda a ver el peso del mensaje que contiene y a captar cada lección que se desprende de la lectura del libro. Un reto mayor que comprender estas enseñanzas es aplicarlas. Tiene que estar dispuesto a hacer ajustes en las áreas señaladas por el texto. Sin embargo, vale la pena señalar que este gran desafío viene con grandes bendiciones.

En el pasado, el libro de *Apocalipsis* fue generalmente atribuido al gran apóstol Juan, quien también escribió el *Evangelio de Juan* y el *1º, 2º* y *3º Libro de Juan,* lo que significa que no era nuevo en escribir experiencias y compartir su conocimiento sobre caminar con Dios. Se deduce que su papel como apóstol de la Iglesia primitiva, en la que tenía mucha influencia, fue la razón por la que no vio la necesidad de aclarar su autoría, ya que la gente a la que escribía lo conocía bien y su solo nombre era suficiente introducción. Esta fue la base por la que los primeros eruditos aceptaron al apóstol Juan, popularmente conocido como «Juan el Amado», como autor de este libro.

En los últimos tiempos, ha habido una gran variación de pensamientos e ideas sobre la autoría del *Apocalipsis.* Los eruditos y teólogos modernos afirman que el solo nombre que está en este libro no basta para certificar que Juan el Amado lo escribiera realmente, y que todo lo que se sabe del autor es que era un profeta cristiano. Afirman que pudo haber sido cualquier Juan que ministró en aquel entonces. También afirman que hay una diferencia en los estilos de escritura utilizados en el *Evangelio de Juan* y los otros libros (*1º, 2º* y *3º Libro de Juan*) y el del libro del *Apocalipsis.* Otros eruditos que creen que Juan el Amado escribió el *Apocalipsis* han rebatido este argumento, afirmando que los géneros de ambos libros son diferentes y que esto afecta el estilo de escritura utilizado. También afirman que cualquier persona en el estado en que se encontraba cuando se escribió el libro, en la isla egea de Patmos, situada frente a la costa occidental de Asia Menor, escribiría de forma diferente, ya que carecía de los elementos eruditos utilizados para escribir en aquella época, porque no era posible que hubiera tenido acceso a ellos en esa isla.

Los eruditos modernos aún se mantienen firmes en la creencia de que podría ser cualquier Juan, y sostienen que la evidencia proporcionada para el caso del apóstol Juan no es suficientemente sólida como para decir definitivamente que él es el autor. Con este entendimiento, se ha resuelto referirse siempre al autor del *Apocalipsis* simplemente como «Juan de Patmos» o «Juan el Viejo» para lograr un término común.

Contexto histórico

El *Apocalipsis* fue escrito en el año 96 d. C., una época en la que los romanos gobernaban gran parte de los principales continentes, como África, Europa y Asia, donde estaban situadas las iglesias a las que se dirigía Juan. Este factor tuvo una gran importancia en el discurso de Juan. En una época en que la mayoría de los asiáticos se mostraban apáticos hacia las doctrinas cristianas, algunos permanecieron firmes en la doctrina de los apóstoles. Esto no sentó bien al emperador romano de entonces, Nerón, que ordenó la ejecución de todos los cristianos. Es probable que este decreto fuera emulado por el emperador Domiciano, que también se inclinaba por la persecución de la Iglesia, ya que no lo adoraban como todos los demás. Este fue un momento crucial para los cristianos, ya que el culto al emperador iba en aumento. Este mismo factor fue la razón por la que Juan estaba en la isla de Patmos, a la que fue desterrado por predicar el *Evangelio* y declarar a Jesús como Señor.

El emperador Nerón ordenó la ejecución de todos los cristianos[26]

El género apocalíptico del *Apocalipsis*

El libro de *Apocalipsis* adoptó un estilo de escritura único llamado género apocalíptico, que se encuentra comúnmente en los textos judíos y cristianos. Al igual que las profecías, la literatura apocalíptica comunica revelaciones a partir de visiones y sueños. A menudo es una combinación de elementos de realidad y fantasía. Otros libros, como *Daniel*, también tienen temas y recursos literarios similares. Descifrar el mensaje central era probablemente más fácil para los receptores de aquella época que para los lectores de hoy, que no están familiarizados con este estilo literario. Los individuos de esa época estaban acostumbrados a este estilo de escritura, porque era el predominante. El lector moderno, en cambio, debe adoptar una perspectiva de «ojos antiguos», lo que implica comprender las convenciones literarias de la época y los acontecimientos históricos que motivaron la utilización de un estilo tan distintivo. Es decir, la única manera de comprender en profundidad un libro apocalíptico es verlo a través de una lente que refleje la mentalidad de sus lectores originales.

Las cartas a las siete iglesias: Desvelar ideas divinas

En el libro del *Apocalipsis*, se dirigieron cartas a las siete iglesias, y cada carta combina un lenguaje simbólico con imágenes vívidas para proporcionar un significado atemporal con gran relevancia en el mundo actual. Este libro, aunque escrito por Juan, se realizó en plena obediencia a las instrucciones de Jesucristo, que le encargó escribir a las siete iglesias asiáticas, a saber, Éfeso, Esmirna, Pérgamo, Tiatira, Sardis, Filadelfia y Laodicea, para advertirlas y animarlas en diferentes luchas, tanto problemas internos, como la laxitud y la moralidad, como desafíos externos, como la persecución y las ejecuciones por parte del Imperio romano. Tras la introducción y las instrucciones, está el discurso de Juan a estas siete Iglesias, en los capítulos 2 y 3. Cada iglesia recibe un mensaje con su propia carta, que aborda luchas únicas y la manera de hacer ajustes.

Al comienzo de la primera visión, en *Apocalipsis* 1:20, Juan ve siete candelabros, como el que vio Zacarías en *Zacarías* 4:2. Los candelabros representan las siete iglesias a las que se dirige. Un candelabro es una buena representación de la Iglesia, que debe representar la luz en el mundo oscuro, y muestra su papel de ayudar a otros a recibir la luz. Las siete luces del candelabro representaban a los ángeles, que eran los líderes de la Iglesia en aquel entonces. El modelo de las cartas para las siete iglesias es el mismo, pero el contenido difiere. Siempre empiezan con elogios a la iglesia particular, seguidos de palabras de aliento, luego de represión, y terminan con consejos sobre cómo revertir sus errores. Finalmente, una promesa de esperanza sobre lo que podían ganar siendo fieles. Los mensajes a las iglesias no iban dirigidos solo a ellas, sino a todos los que luchaban y luchan por mantenerse firmes en su elección al servicio de Dios.

La Iglesia sin amor: Carta a la Iglesia de Éfeso

La Iglesia de Éfeso es una historia de retorno al primer amor. En la carta, Jesús les insta a recordar, arrepentirse y volver al camino correcto. Se trata de un proceso completo, el mismo que se espera de todo cristiano hoy en día. La carta a la Iglesia de Éfeso fue escrita en la época de la Iglesia primitiva, cuando los apóstoles aún vivían y la ciudad estaba en su apogeo. El hecho de ser una metrópoli vibrante la convertía en el centro del comercio y de la actividad espiritual griega, ya que era una ciudad dedicada a la diosa griega Artemisa.

Juan comienza la carta a los efesios alabando su celo incansable y su dedicación incesante al crecimiento y la difusión del *Evangelio*. Vale la pena señalar que Jesús, en la visión a Juan, no solo comenzaba con la represión, sino que elogiaba su buen trabajo. Esto demuestra que el servicio total a Dios no solo es encomiable, sino que vale la pena emularlo. Servir a Dios y verlo cambiar la vida de los demás a través de usted es profundamente satisfactorio. Su rechazo y aversión a las enseñanzas y acciones de algunos grupos de entonces (a los que no les importaba participar en actos inmorales mientras no perjudicaran a nadie) era otra virtud de la Iglesia de Éfeso (y también fue elogiada por ella). Este grupo, llamado los «nicolaítas» no creían necesario poner un alto a los deseos de la carne. Pensaban que estaba bien actuar a su antojo, dedicándose a los placeres de la carne, mientras afirmaban estar al servicio de Dios. Intentaron compartir esta opinión con el resto del cuerpo de la Iglesia, pero los efesios no cedieron. Así, quedaron atrapados en su deseo de servir a Dios, y perdieron de vista sus corazones, hasta que dejaron de estar impulsados por su amor a Jesús.

Esto plantea la pregunta, ¿cómo se puede mantener alguien al servicio de Jesús sin amarlo? Bueno, esto fue lo que vieron en la Iglesia en Éfeso. La Biblia no dice cuál era su motivación; pueden haber sido muchas, pero una posibilidad es la religiosidad, lo que significa servir a Jesús sin ninguna razón. Esto demuestra que es posible no amar a Dios y servir en su casa, pero es imposible amar a Dios y no servir en su casa. Esta es una reevaluación crucial que todos los cristianos deberían hacer regularmente. Pregúntese: «¿Está mi corazón bien con Dios? ¿Hago las cosas que hago por amor a Él, o por religión?». El problema de los efesios no eran sus acciones; Jesús se centraba más en su motivación. ¿Qué alimentaba las cosas que hacían?

La Iglesia de Éfeso se había enfriado de corazón, y su servicio a Dios se había vuelto ritualista. En este punto, Jesús los aconseja. Les dice que deben recordar cómo era cuando acababan de encontrarlo y cuán vibrantes, ardientes y vivos eran sus corazones para Él, y luego los insta a arrepentirse. Una cosa es darse cuenta de las faltas y los errores, pero otra muy distinta es estar dispuesto a cambiar y a trazar un nuevo rumbo, independientemente de lo lejos que se haya llegado. Aparte de la represión y el consejo, también les hace saber que siempre hay una repercusión por sus acciones y lo que sucedería si no se apresuraban a cambiar. Sin embargo, no los dejó temerosos ante las consecuencias de sus actos, sino que también les ofreció esperanza, a través de una promesa. Les aseguró que había un árbol de la vida del que comerían y que les esperaba un paraíso eterno; esto los mantendría animados mientras se esforzaban por cambiar.

Algo hermoso que vale la pena destacar del método de Dios es que, después de señalar pacientemente el problema, no deja solo a nadie para que descubra cómo solucionarlo. Él da pasos adicionales explicando las posibles consecuencias y cómo pueden afectar, y luego deja que sus fieles tomen decisiones informadas sin presiones, porque Él otorgó la capacidad del libre albedrío.

La Iglesia perseguida: Carta a la Iglesia de Esmirna

La Iglesia de Esmirna, también llamada la Iglesia sufriente, es un ejemplo perfecto de la belleza que surge de las cenizas. Se enfrentó a la más dura de las persecuciones y, en lugar de ser aplastada por ella, le sirvió de trampolín para catapultarse y mostrar la gloria de Dios. Esta carta a Esmirna brinda consuelo y seguridad a quienes pasaban por tiempos difíciles. Jesús comienza diciendo: «Yo sé». Les asegura que no están solos, que Él ve sus luchas y que, a su debido tiempo, los haría más fuertes y mejores. Para la Iglesia de Esmirna, a diferencia de las demás, no hubo represión; eso no era lo que necesitaban; más bien, las palabras que se les dirigieron fueron de aliento.

El líder que presidía la Iglesia era un hombre llamado Policarpo, quien fue quemado en la hoguera en el apogeo del culto romano por negarse a jurar lealtad al emperador Romano ofreciéndole incienso. Pero los conflictos no pararon ahí; emperadores como Marco Aurelio, Vespasiano y Domiciano, en su implacable persecución, hicieron que los metieran en cárceles horribles, los arrastraran a las arenas en harapos, los quemaran, los mataran y se los dieran de comer a las fieras del campo. Jesús, entonces, los consuela, animándolos a ser fieles, y les asegura que conoce su situación y que está con ellos. Aunque se enfrentaron a una intensa persecución, esta Iglesia no cedió a los caminos de los romanos. Pensaron que valía la pena soportar el dolor y las dificultades en nombre de Jesucristo, con la esperanza de obtener al final una recompensa valiosa. Una conclusión que invita a la reflexión, es que la Iglesia que sufrió las persecuciones más fuertes resultó ser la más pura. Aferrarse a la palabra de Dios frente a la adversidad es la mejor manera de salir adelante.

La Iglesia transigente: Carta a la Iglesia de Pérgamo

A diferencia de la Iglesia de Éfeso, la Iglesia de Pérgamo prestó oídos a los caminos de los nicolaítas, y comenzó a alejarse de la palabra de Dios y a ceder a los caminos del entorno. Fueron tras la riqueza y el lujo a expensas de su trabajo con Dios. No es que no amaran a Dios; es que creían que podían amar a Dios y al mismo tiempo a su mundo material, y que nadie tenía por qué sufrir. Sin embargo, Jesús fue muy directo en su mensaje de arrepentimiento hacia ellos. Les dio el mismo consejo que a Éfeso: arrepiéntanse, vuelvan al camino y cambien.

La Iglesia corrupta: Carta a la Iglesia de Tiatira

Al igual que en su mensaje a la Iglesia sin amor, Jesús comienza esta carta con elogios por los esfuerzos para mejorar, reconociendo sus obras, amor, fe, servicio y perseverancia. Después de esto, Jesús se sumerge de lleno en la represión; aunque no se mencionaba a los nicolaítas, se decía que la Iglesia de Tiatira participaba en prácticas desaprobadas por la fe cristiana. Más allá de ser un lugar de comercio, Tiatira era también un lugar de guerra, y esto dificultaba la subsistencia de la gente. La única forma conocida de supervivencia para ellos era formar parte del gremio comercial, que era de gran importancia para la sociedad cívica de la época. Los gremios eran conocidos por comer los alimentos ofrecidos a los ídolos y participar en otros actos idolátricos.

Esto se convirtió en un problema para los cristianos. Jesús los anima a abandonar su idolatría y acercarse a Él. Les hace saber las consecuencias de no escucharlo y les habla de la promesa para aquellos que escuchan sus palabras; a aquellos que vencen, Él les dará autoridad sobre las naciones y muchas cosas más.

La Iglesia muerta: Carta a la Iglesia de Sardis

Esta carta fue escrita en un tiempo en que había una profunda disminución de cristianos en la Iglesia primitiva, pero quedaban aquellos que sostenían la luz del *Evangelio*. La Iglesia de Cerdeña era una iglesia con una falsa apariencia de rectitud; hacían promesas que no cumplían y su exhibición externa de fuerza mostraba una confianza descuidada y falta de vigilancia. El mensaje a la Iglesia de Sardis no era realmente de condena, sino más bien de desaprobación. En la carta se les llama hipócritas y se dice que hacían alarde de una ardiente pasión por las cosas de Dios, pero que en realidad estaban muertos por dentro. Jesús habla de que sus obras no son perfectas, lo que significa que se esforzaban por trabajar, pero solo para aparentar que todo estaba en orden. Jesús prefería que reconocieran su pérdida, que volvieran sobre sus pasos y comenzaran de nuevo, en lugar de seguir actuando como si siguieran en el camino correcto.

La Iglesia de Sardis estaba en una época en la que parecía vivir de su gloria pasada; estaban estancados, pero se rehusaban a reconocer y tratar el problema. Habían crecido contentos de descansar en sus laureles de vencedores pasados.

La Iglesia fiel: Carta a la Iglesia de Filadelfia

La ciudad de Filadelfia era una importante ciudad griega cuyo principal objetivo era difundir y promover la unidad de costumbres, espíritus y lealtad por el bien del Imperio. Tuvo mucho éxito durante la persecución del Imperio. Aunque había una fuerte práctica de las costumbres griegas en Filadelfia, la Iglesia permaneció fiel. Jesús los elogia grandemente diciendo que habían hecho mucho con poca fuerza y los felicita por no ceder en ningún momento a las maneras y sistemas de su sociedad. No hay reproches para esta Iglesia y sí muchas promesas reconfortantes. Les promete una puerta abierta, que ningún hombre es capaz de cerrar, y una muestra del poder de Dios sobre quienes se les oponían.

La carta a la Iglesia de Filadelfia desafía a los cristianos de hoy en día. Jesús menciona que, a pesar de la poca fuerza que tenían, perseveraron, lo que significa que nunca debe pensar que está sin ayuda o fuerza. Debe confiar siempre en la profundidad del amor de Dios para ayudarle en cada circunstancia.

La Iglesia tibia: Carta a la Iglesia de Laodicea

Esta Iglesia parecía la peor del grupo. No hay elogios para ellos por parte de Jesús. Más bien se mete de lleno en sus problemas y reprueba su actitud. Comienza con la misma frase que en las cartas para las otras iglesias, «Yo sé». Esto muestra que nada que se pueda esconder de la vista de Dios; Él ve hasta los pensamientos más profundos de cada corazón. Esta Iglesia estaba en un estado peor, porque era difícil situarlos en cualquier posición. Jesús lo ilustra diciendo que no son ni fríos ni calientes. Esta declaración significa que no aceptaban abiertamente a Jesús, ni lo rechazaban, sino que hacían que la casa de Dios pareciera un club social donde se reunían para divertirse.

Por esta razón, Jesús dice que los escupirá con su propia boca. Después de la reprimenda, Jesús los reconoce como los que Él ama, instándolos a arrepentirse. Esto muestra cuánto ama Dios a sus hijos, incluso en su inmundicia, porque su amor no para de brillar y los llama siempre a su luz.

Las cartas a las siete iglesias, aunque escritas en lugares reales en el siglo I, tienen un gran significado espiritual hoy en día. Abordan el estado de los corazones dentro de la Iglesia. Si se examina a usted mismo a fondo y con toda honestidad, encontrará áreas de su vida que se encuentran en situaciones similares a las de uno o más de los casos de las iglesias de Asia Menor. Por lo tanto, es aconsejable que estudie a fondo estas cartas, las reprensiones, las correcciones y los consejos que contienen para moldear mejor su vida.

Las otras visiones

En el libro del *Apocalipsis*, el pasaje de las cartas a las siete iglesias revela un vívido cuadro de acontecimientos y símbolos: siete sellos que se abren, siete trompetas que suenan y siete copas que derraman la ira de Dios. Este relato apocalíptico ha suscitado diversas interpretaciones, con cristianos y eruditos debatiéndose sobre el verdadero significado de estas visiones. Una opinión ampliamente aceptada sugiere que estos símbolos representan una lucha espiritual entre el bien y el mal. Los siete sellos, las trompetas y las copas se consideran metáforas de una batalla constante a lo largo de la historia, un enfrentamiento entre las fuerzas del bien y del mal. Esta perspectiva sostiene que estas visiones representan la lucha permanente entre el plan de Dios para la salvación y las fuerzas perturbadoras que tratan de frustrarlo. Las figuras clave, como el Anticristo y los dos testigos, suelen verse como representaciones simbólicas, más que como individuos literales.

Por otro lado, algunos interpretan estas visiones más literalmente, proponiendo acontecimientos históricos y futuros específicos. Se cree que los sellos, las trompetas y las copas son predicciones concretas de guerras, desastres naturales y juicios divinos en un orden cronológico específico. Esta perspectiva considera las imágenes como una especie de mapa de carreteras para comprender el plan divino de Dios a medida que se desarrolla en el tiempo. La identidad del Anticristo y la interpretación de la batalla final entre el bien y el mal son un punto central de controversia. Algunos sostienen que se trata de representaciones simbólicas de conflictos sociales y espirituales.

En cambio, otros insisten en una lectura más directa, señalando a figuras históricas concretas o a individuos futuros que encarnarán estos papeles. Este desacuerdo suscita

Los siete sellos, las trompetas y las copas se consideran metáforas de una batalla permanente a lo largo de la historia, un enfrentamiento entre las fuerzas de la bondad y la maldad[27]

acalorados debates sobre el momento y la naturaleza de estos acontecimientos apocalípticos. El papel de los dos testigos es otro enigma, con interpretaciones que van desde representaciones simbólicas de los fieles mensajeros de Dios hasta afirmaciones de su presencia literal durante un futuro periodo de tribulación. Esta diversidad de perspectivas refleja la complejidad de las imágenes del *Apocalipsis* y el reto que supone dar sentido al lenguaje simbólico en relación con acontecimientos históricos o futuros.

También surgieron debates sobre la cronología de estos acontecimientos. Algunos creen en una interpretación futurista, que sugiere que la mayoría de las profecías del *Apocalipsis* se desarrollarán en un escenario específico del final de los tiempos. Otros adoptan una perspectiva historicista, relacionando las visiones con acontecimientos a lo largo de la historia. Por su parte, los preteristas sostienen que muchas de las profecías se cumplieron en los primeros siglos de la era cristiana. En el desarrollo de la narración del *Apocalipsis* confluyen diferentes ángulos de interpretación, creando una comprensión compleja e intrincada de estas visiones apocalípticas. El reto consiste en navegar por la tensión entre las lecturas simbólicas y literales, aceptando diversas perspectivas al tiempo que se intenta captar los mensajes subyacentes que trascienden el tiempo y los contextos culturales. A medida que los cristianos y los estudiosos sigan explorando el *Apocalipsis*, la riqueza y variedad de su imaginería garantizará la persistencia de los debates sobre su significado, ofreciendo un terreno fértil para la exploración y la reflexión teológica.

Momento de reflexión

1. Explore los datos históricos compartidos sobre las primeras comunidades cristianas. ¿De qué manera la comprensión del contexto podría mejorar su apreciación de los mensajes del *Apocalipsis*?

2. ¿Qué opina de los mensajes de esperanza y salvación que se entretejen a lo largo de la narración, y cómo resuenan estos temas con su camino espiritual?

3. ¿Cómo ha evolucionado su perspectiva del libro y qué preguntas o misterios persisten en su mente?

4. Piense en la relevancia de los mensajes del *Apocalipsis* en el mundo actual. ¿De qué manera sus temas de justicia, redención

e intervención divina pueden referirse a los problemas y desafíos actuales?

5.Considere el papel de la fe y la perseverancia ante la adversidad, tal y como se describe en el *Apocalipsis* dentro de la carta a la Iglesia de Esmirna. ¿De qué manera saca fuerzas de estos temas en su propia vida?

6.Reflexione sobre la idea del *Apocalipsis* como advertencia y consuelo a la vez. ¿Cómo equilibra la urgencia de su mensaje con la seguridad de la victoria final de Dios?

Más allá de los desacuerdos que surgen al intentar comprender este libro, para el cristiano hay mucho conocimiento y perspicacia en estas páginas. En lugar de intentar seguir los debates, concéntrese más en la luz que hay en las páginas y que le ofrece la oportunidad de un mejor camino cristiano. La exploración del libro del *Apocalipsis* no es cosa de una sola vez; su mensaje perdura, lo que significa que es necesario volver a visitarlo a menudo. Debe emplear el estudio y la reflexión continua sobre las lecciones que contiene.

Capítulo 8: Profetas del *Antiguo Testamento*: voces de advertencia y esperanza

Los profetas de los libros del *Antiguo Testamento* son mensajeros elegidos por Dios para comunicarse directamente con Él. Su papel en las historias del pueblo elegido de Dios es profundo, pues ofrecen una ventana a un mundo de guía, advertencias y esperanza en diversas situaciones. También se pueden imaginar como héroes de la antigüedad, que defienden lo que es justo en un mundo lleno de desafíos. Si se lee atentamente la Biblia, no hay un acontecimiento clave de la época que no esté ligado a su influencia.

Los profetas de los libros del *Antiguo Testamento* son mensajeros elegidos por Dios para comunicarse directamente con Él[18]

Explore las historias de estos mensajeros, los mensajes cruciales que transmitieron al pueblo del antiguo Israel y el impacto que tuvieron, no solo en su época, sino la relevancia duradera de sus enseñanzas hasta hoy en día. Mientras se adentra en la intrincada naturaleza de estas experiencias, considere cómo sus palabras y mensajes pueden servirle como faro para comprender su propia vida.

El profeta y su función

Un profeta es alguien que interactúa con Dios en nombre de su pueblo. En el *Antiguo Testamento*, los profetas eran figuras que hablaban en nombre de Dios, advirtiendo a los israelitas de sus pecados y llamándolos al arrepentimiento. Sus mensajes no siempre eran los mismos ni se transmitían de la misma manera; algunos mensajes eran más dramáticos que otros. Algunos profetas, como Zacarías y Ezequiel, tenían visiones muy elaboradas. Algunos desempeñaron el papel de mediadores o jueces. En cambio, otros, como Malaquías y Torá, dedicaron su vida a trabajar para reparar la relación del pueblo con Dios, instándolo constantemente a recordar la lealtad que había contraído con el Dios de Israel y la *Torá*, que significa la ley. Solo se considera profetas a los que cumplían estas normas.

En algunos casos del *Antiguo Testamento*, ciertas personas hablaron o escribieron declaraciones proféticas. Sin embargo, no son considerados profetas del *Antiguo Testamento*. Un ejemplo de esto es Saúl, el primer rey de Israel, en *Samuel* 10:9-12, quien, bajo la influencia del Espíritu de Dios, profetizó, aunque lo que profetizó no quedó registrado en la Biblia. Aunque profetizó, el papel que desempeñó en la historia de Israel no es profético, ya que no fue llamado a ser profeta. Por esta razón, la *Biblia* no lo considera profeta.

Los profetas mayores

Los profetas mayores fueron figuras significativas que desempeñaron un papel fundamental durante una época tumultuosa de la historia de Israel. Proclamaron un mensaje coherente, advirtiendo al pueblo de Dios sobre las consecuencias de la desobediencia y ofreciendo una esperanza futura de restauración. Sus palabras fueron un recordatorio aleccionador para todas las generaciones de la importancia de permanecer fieles a la alianza de Dios. Al mismo tiempo, transmitían el amor inquebrantable de Dios y la promesa de una nueva vida al otro lado del juicio. El hecho de que aún hoy se estudien los mensajes de estos antiguos profetas demuestra su vigencia.

Isaías: El profeta mesiánico

Isaías, un profeta clave entre los israelitas, surgió como una voz erudita que expresaba temas cruciales en el plan divino de Dios. Fue un defensor de la rectitud, la verdad y la fe inquebrantable en Dios, como se puede ver en sus enseñanzas, que transcurrieron durante la época de la turbulenta monarquía de Israel. Su libro, que lleva su nombre, *Isaías*, es hoy el epítome de la escritura profética. La mención del profeta del «siervo sufriente» evidentemente se refiere al papel de Cristo como siervo y a las agonías que vendrían con su misión. Isaías no se limita a escribir sobre los acontecimientos, sino que denuncia la decadencia moral y el culto a los ídolos y llama al arrepentimiento y a prestar atención a la palabra de Dios. A pesar de estas advertencias, lanza destellos de esperanza, diciendo persuasivamente a la gente que el camino del bien es seguir a Dios. Las visiones proféticas de Isaías se elevaron por encima del contexto social, político y religioso de su tiempo para explorar temas universales, como la justicia, la misericordia y la naturaleza trascendente de la relación divino-humana.

Su papel como uno de los profetas del *Antiguo Testamento* siguió influyendo incluso en el *Nuevo Testamento*, en donde se cumplen sus profecías sobre Jesucristo. Los escritores sagrados y los apóstoles trazaron paralelismos con los pensamientos de Isaías, lo que reafirma su lugar fundamental en la comprensión del papel mesiánico de Jesucristo.

Jeremías: El profeta llorón

Jeremías, profeta mayor, es una voz fuerte en el *Antiguo Testamento* y configura profundamente la narración divina. La importancia de su obra va mucho más allá del alcance de su libro al principio y hace llegar un mensaje con advertencias, lamentos y esperanza. En la historia de Israel, el ministerio profético de Jeremías se desarrolló en medio de crisis políticas, invasiones y exilios. Mientras Jerusalén se enfrentaba al trágico exilio, Jeremías percibió su gravedad, reconociendo en la ciudad un profundo sufrimiento.

El libro de *Jeremías* tiene diversos temas, como el favor y el castigo del Señor, el arrepentimiento y la restauración del pueblo del cautiverio. Explica que el mundo no es un lugar para que los individuos hagan lo que quieran, la realidad del juicio y una esperanza de renacimiento. Las profecías de Jeremías eran más simbólicas, como cuando utiliza el barro de un alfarero para ilustrar cómo los seres humanos están bajo el control del Todopoderoso. Hacia el final, los escribas leales recibieron un mensaje crítico que introducía el concepto de un nuevo pacto y una esperanza prometedora en medio del caos del juicio. Junto con este pacto, Dios menciona un tiempo en el que su ley se grabará en los corazones, simbolizando un cambio definitivo de corazón.

Jeremías («el profeta llorón») demostró su compasión por su pueblo predicando el duro mensaje al tiempo que soportaba sufrimientos personales. Estaba dispuesto a soportar las pérdidas en aras del carácter sagrado de su vocación. La implicación de Jeremías sirve de recordatorio intemporal de la decadencia moral y espiritual. Las batallas que libró, las lágrimas que derramó y las esperanzas a las que se aferró recuerdan a todos las dificultades a las que se enfrentan en distintos momentos de la vida. Jeremías trasciende su época en las páginas del *Antiguo Testamento* y se convierte en un faro que simboliza la verdad eterna. Sus poemas están llenos de descubrimientos sobre la fe y revelan sus pensamientos sobre Dios, reflejo de la vida humana.

Ezequiel: El profeta visionario

Ezequiel, uno de los principales profetas del *Antiguo Testamento*, es un personaje muy llamativo y asertivo que nadie puede ignorar. En un libro extenso, Ezequiel, como mensajero de Dios en el *Antiguo Testamento*, predicó una mezcla de imágenes visuales, perspicacia espiritual y una llamada a la obediencia divina. En la época del exilio de los babilonios, Ezequiel tuvo la agotadora tarea de predicar a un público agotado y encarcelado. La representación de visiones proféticas en sus obras, a veces fantásticas y simbólicas, transmitía mensajes divinos que superaban la inmediatez del contexto. Las visiones proféticas eran a menudo mensajes de Dios que iban más allá del momento en que sucedían. Sin embargo, el papel de Ezequiel no se limitó a advertir de acontecimientos futuros; también sirvió como mentor, incitando al pueblo a arrepentirse y a renovar su fe en el Señor.

El libro de *Ezequiel* se manifiesta en profecías, visiones y actividades simbólicas. Trata de la renovación piadosa, la revitalización y el poder de Dios en los asuntos mundiales. El profeta Ezequiel, en el pasaje sobre el valle de los huesos secos, señala artísticamente que, incluso en situaciones aparentemente desesperadas, existe una posibilidad de renovación y resurrección espiritual. Ezequiel no solo ofrece una visión única e imaginativa del templo restaurado, sino que esta visión también representa el hecho de que la presencia divina de Dios vuelve a estar entre el pueblo. Esta visión era una luz en el camino que quedaba por recorrer, que manifestaba la confianza en que Dios mantenía firmemente su alianza a pesar de las tribulaciones del exilio.

66²

EZEKIEL 48:28

28 'The southern boundary of Gad will run south from Tamar to the waters of Meribah Kadesh, then along the Wadi of Egypt to the Mediterranean Sea.
29 'This is the land you are to allot as an inheritance to the tribes of Israel, and these will be their portions,' declares the Sovereign LORD.

The gates of the new city
30 'These will be the exits of the city: begin-ning on the north side, which is 4,500 cubits long, 31 the gates of the city will be named after the tribes of Israel. The three gates on the north side will be the gate of Reuben, the gate of Judah and the gate of Levi.
32 'On the east side, which is 4,500 cubits long, will be three gates: the gate of Joseph, the gate of Benjamin and the gate of Dan.

El libro de *Ezequiel*⁹

Ezequiel, un vigilante cuya reverencia por su misión es inigualable, era inquebrantable en su compromiso. Siempre estaba decidido a transmitir sus mensajes, incluso cuando se enfrentaba a la oposición. Hoy, sus mensajes, al igual que los de los demás, siguen resonando, sirviendo de reproche intemporal para quienes se han vuelto complacientes en su vida espiritual y ofreciendo consuelo mediante la redención divina y la esperanza. Su libro es un reflejo de su experiencia y su carácter, y una guía que sigue siendo útil para encontrarse a sí mismo y la paz interior.

Daniel: El intérprete de los sueños

Daniel, figura destacada entre los profetas mayores, surgió como faro de fe y resistencia en el *Antiguo Testamento*. Su importancia va más allá de la extensión de su libro, pues muestra su inquebrantable compromiso con Dios en medio de circunstancias difíciles. Durante el exilio babilónico, la vida de Daniel en la corte real lo enfrentó a pruebas y tentaciones. Su firme devoción a Dios y su negativa a comprometer sus principios, como se ve en la historia de la guarida del león, ejemplifican su fe inquebrantable. El libro de *Daniel* es una mezcla de profecías, sueños y relatos históricos. La interpretación que Daniel hace del sueño del rey Nabucodonosor y de las visiones posteriores ofrece una visión profunda del plan divino de Dios. Los pasajes proféticos, incluida la visión de las cuatro bestias y las setenta semanas, vislumbran acontecimientos futuros con notable precisión.

El debate en torno a la clasificación de Daniel como profeta mayor añade complejidad a su legado. Mientras que en muchas tradiciones cristianas se le considera un profeta importante, la Biblia hebrea lo sitúa entre los escritores y no entre los profetas. Su vida es un ejemplo de resistencia ante la adversidad. Desde sus primeros días en Babilonia hasta sus encuentros con poderosos gobernantes, siempre confió en la guía de Dios. Su confianza inquebrantable se resume en la conocida historia del horno de fuego, en la que él y sus compañeros salen ilesos, testimonio de la protección divina.

En el contexto contemporáneo, la vida de Daniel anima a los cristianos a mantenerse firmes en su fe, incluso en situaciones difíciles. Sus experiencias siguen siendo lecciones intemporales sobre la integridad, la oración y la confianza en la providencia de Dios.

Los profetas menores

Los profetas menores, una colección de doce concisos y poderosos libros del *Antiguo Testamento*, constituyen un segmento diverso y a menudo ignorado de la profecía bíblica. A diferencia de los profetas mayores, cuyos extensos escritos dominan el panorama profético, los profetas menores ofrecen profundas perspectivas en narraciones compactas. Estas voces proféticas, *Oseas, Joel, Amós, Abdías, Jonás, Miqueas, Nahum, Habacuc, Sofonías, Ageo, Zacarías y Malaquías*, contribuyen colectivamente a ricos mensajes que abordan temas como la justicia, el arrepentimiento y la redención venidera.

Los profetas menores, que abarcan distintos periodos históricos y se dirigen a públicos diferentes, transmiten mensajes divinos con una elocuencia concisa, pero muy impactante. Sus escritos ahondan en la intrincada dinámica de la relación de alianza de Dios con su pueblo, revelando las consecuencias de la desobediencia y la perdurable esperanza de la restauración. A pesar de su brevedad, los profetas menores desempeñaron un papel importante en la tradición profética amplia, complementando las narraciones de sus homólogos mayores. Cada profeta aportó una perspectiva única, captando la singularidad de su respectivo contexto histórico y al mismo tiempo transmitiendo verdades intemporales que resuenan con las luchas y aspiraciones perdurables de la humanidad.

Al explorar la sabiduría colectiva que encierran estos breves pero potentes libros, se desvela un hermoso cuadro de profecías que hablan de la intrincada interacción entre la soberanía de Dios y la responsabilidad humana. Estos profetas, aunque considerados menores debido a la extensión de sus libros, contribuyeron de manera importante a las profecías que resonaron en el *Antiguo Testamento* y también lo hacen en el mundo actual.

Oseas

Oseas, un profeta menor del *Antiguo Testamento*, llevó una vida que ilustraba el amor de Dios y la fragilidad humana. Dios le pidió que se casara con Gomer, una mujer infiel, es decir, una ramera. Las luchas de Oseas reflejaban la infidelidad espiritual de Israel a Dios. A pesar de la infidelidad de Gomer, el compromiso inquebrantable de Oseas se convirtió en una metáfora viviente del amor perdurable de Dios hacia una nación conocida por su perpetua infidelidad. El ministerio profético de Oseas se extendió más allá de su metáfora marital. Sus mensajes, a menudo acompañados de visiones, hacían hincapié en las consecuencias del adulterio espiritual de Israel y llamaban al arrepentimiento. La vida del profeta ejemplificó el anhelo redentor de Dios, que culminó en el acto simbólico de readquirir a Gomer tras su caída en la esclavitud.

A pesar de su angustia personal, la obediencia de Oseas transmitió un mensaje intemporal sobre la incesante búsqueda de Dios por su pueblo. Su vida es un testimonio constante del poder transformador del amor de Dios, que insta a todos a prestar atención a la llamada al arrepentimiento y a abrazar la gracia perdurable de la fidelidad de Dios.

Joel

Joel, profeta menor, fue una voz importante en el *Antiguo Testamento*. Transmitió un mensaje conciso, pero poderoso, centrado en el arrepentimiento, el juicio de Dios y la redención. Aunque se sabe muy poco de su vida personal, el carácter intemporal de su mensaje trasciende las páginas de su libro. El enfoque de Joel sobre el día del Señor y el juicio futuro se ilustra con una plaga de langostas, y al instar al arrepentimiento en medio de la calamidad, enfatiza la importancia de seguir a Dios. Previó una restauración de las bendiciones de Dios tras un arrepentimiento genuino, revelando a Dios como una deidad misericordiosa y clemente. A pesar de la brevedad de su libro, Joel emerge como una voz significativa, instando a su audiencia a reconocer las profundas consecuencias de sus acciones y a abrazar la promesa de la redención divina a través del arrepentimiento sincero.

Amós

Amós, un pastor convertido en profeta, surge como una voz formidable entre los profetas menores del *Antiguo Testamento*. Esto se debe al gran contenido de sus mensajes, independientemente de la breve extensión del libro. Sus mensajes, pronunciados durante un período de opulencia y decadencia moral en Israel, condenan la injusticia social y la hipocresía religiosa. Amós proclama con valentía el juicio de Dios contra las naciones, incluida Israel, haciendo hincapié en que el verdadero culto va más allá de los rituales y tiene más que ver con la justicia y la rectitud. A pesar de sus humildes orígenes, Amós se enfrentó a reyes y sacerdotes sin miedo, denunciando la explotación y llamando al arrepentimiento. Sus visiones, que incluyen la plomada y la cesta de fruta madura, ilustran vívidamente el juicio inminente. La pertinencia perdurable de Amós radica en su llamamiento radical a la igualdad social y la devoción genuina, desafiando a los cristianos a alinear sus acciones con las normas de justicia y rectitud de Dios.

Abdías

Abdías, a pesar de ser el libro más breve del *Antiguo Testamento*, es amado por muchos cristianos. Su concisión y su profundo mensaje resuenan en la vida cristiana. Versículos populares como *Abdías* 1:17, «Pero sobre el monte Sion habrá liberación, y habrá santidad, y la casa de Jacob poseerá sus bienes», se utilizan a menudo hoy en día. Este libro del profeta menor presenta un profundo mensaje. Al dirigirse a la nación de Edom, Abdías lanza una severa advertencia sobre el juicio inminente debido a su orgullo, violencia y traición hacia su nación hermana, Israel. El profeta desvela una visión de la caída de Edom, haciendo hincapié en el castigo divino por su arrogancia y maltrato a Israel en tiempos de angustia.

A pesar de las elevadas fortalezas montañosas de Edom, Abdías profetiza su humillación final. Este libro, breve pero impactante, recuerda con crudeza que el orgullo y la injusticia no pasan desapercibidos para un Dios justo y soberano. El mensaje de Abdías va más allá del contexto histórico concreto e insta a todos a reflexionar sobre las consecuencias de la arrogancia y la crueldad, al tiempo que subraya el compromiso de Dios con la justicia y la protección de su pueblo.

Jonás

La vida de Jonás, por humorística que sea, está llena de lecciones. Jonás trató de burlar a Dios por miedo, como muchos hoy en día, tratando de hacerse el listo y conseguir que Dios doblegara su voluntad o su plan por una razón u otra (para Jonás, era el miedo). Dios le ordenó que profetizara contra la ciudad de Nínive, pero trató de escapar a esta llamada divina. En el proceso, Dios lo atrapó en el vientre de un pez, donde se arrepintió, y cuando fue liberado, cumplió el mandato de Dios. La historia de Jonás pone de relieve la compasión de Dios por los corazones arrepentidos, ya que perdonó al pueblo de Nínive después de su genuino arrepentimiento tras el mensaje de Jonás. La reticencia inicial del profeta y la paciente corrección de Dios revelan un mensaje más amplio sobre la preocupación universal de Dios por todos.

La singular narración de Jonás sirve como un convincente recordatorio de la gracia de Dios. Desafía a los cristianos a abrazar su misericordia y extenderla a los demás, más allá de los prejuicios personales.

Miqueas

Miqueas, uno de los profetas menores del *Antiguo Testamento*, ofrece un poderoso mensaje centrado en temas de justicia, humildad y esperanza. Nació en un entorno rural y creció hasta convertirse en una voz fuerte contra la corrupción y la opresión, tanto en Samaria como en Jerusalén. Sus profecías condenan la injusticia social y denuncian el maltrato a los pobres y vulnerables. Miqueas prevé un futuro en el que prevalecerá la justicia de Dios y la paz emanará de Sion. Sus famosas palabras: «Actúa con justicia, ama la misericordia y camina humildemente con tu Dios» captan la esencia de su mensaje profético. La visión de Miqueas se extiende más allá de su tiempo, instando a las naciones a perseguir la justicia y reconocer la esperanza duradera que se encuentra en el plan redentor de Dios, apuntando en última instancia a la llegada del Mesías a Belén, como predijo este humilde pastor-profeta.

Nahum

Nahum es considerado un profeta de condenación y liberación que es una voz poderosa entre los profetas menores del *Antiguo*

Testamento. Se centró en el juicio inminente contra Nínive, la capital del Imperio asirio. Nahum describe vívidamente la inminente caída de la ciudad, presentando a Dios como un vengador celoso y un refugio para quienes confían en Él. Las sorprendentes imágenes del profeta incluyen claras representaciones de las fuerzas de la naturaleza y del castigo divino, que ponen de relieve las consecuencias del opresivo reinado de Nínive. El mensaje de Nahum, pronunciado con intensidad poética, tranquiliza a los oprimidos y advierte a los opresores. A pesar de su tono aparentemente duro, la profecía de Nahum muestra el equilibrio entre la justicia y la compasión divina, revelando el compromiso de Dios con la justicia y la protección de su pueblo frente a la tiranía despiadada.

Habacuc

Habacuc entabla un diálogo singular con Dios, abordando las perplejidades de la injusticia y la respuesta divina. Su historia y su vida transcurrieron en una época de agitación social. Habacuc cuestiona el aparente silencio de Dios ante la maldad. En un profundo intercambio, Dios desvela su plan, asegurando que la justicia prevalecerá. Esto demuestra que, como cristiano, siempre se puede hablar con Dios y estar seguro de que Él responderá. El viaje de Habacuc de la duda a la confianza se muestra en su poderosa oración y afirmación de fe. El nombre del profeta significa «abrazar» o «luchar», simbolizando su lucha íntima con Dios. A pesar de la incertidumbre, Habacuc emerge con una confianza inquebrantable en la soberanía de Dios, proclamando que, incluso en ausencia de prosperidad visible, se regocija en el Señor. El diálogo de Habacuc ejemplifica la autenticidad de la lucha con la fe y de encontrar la fuerza en la entrega a la insondable sabiduría y providencia de Dios.

Sofonías

Sofonías, profeta durante el reinado de Josías, lanza un poderoso mensaje contra la corrupción de Judá. Vinculado a Ezequías, reprende los pecados de la sociedad, advirtiendo del inminente juicio de Dios. El profeta describe vívidamente el «día del Señor», instando al arrepentimiento. Al igual que Abdías, condena la arrogancia y el orgullo, haciendo hincapié en la humildad. En medio de severas advertencias, predice un remanente que encuentra refugio en Dios, lo que ofrece un atisbo de esperanza. Sus expresiones poéticas captan la severidad del juicio y la promesa de restauración. Más allá del contexto inmediato, Sofonías anticipa la redención final por medio del Mesías. En una época de decadencia moral, Sofonías desafía a las personas a buscar la rectitud, la humildad y una auténtica relación con Dios. Sus palabras intemporales llaman al arrepentimiento y al refugio en la misericordia del Señor.

El libro de *Sofonías*[80]

Hageo

Otro favorito de muchos es el libro de *Hageo*. Hageo fue un profeta postexílico, pero a pesar de ello, surgió como un mensajero centrado con un mensaje para reconstruir el templo en ruinas de Jerusalén. Habló de la negligencia del pueblo hacia la casa de su Dios en medio de sus excedentes y abundancia. Hageo hace un llamado a renovar el compromiso de reconstruir el templo, vinculando las bendiciones nacionales a la obediencia. Hace hincapié en la importancia de dar prioridad a la morada de Dios, al tiempo que promete el favor divino a esos esfuerzos. Su liderazgo estratégico desempeña un papel crucial en la motivación de Zorobabel, el gobernador, y Josué, el sumo sacerdote, para reanudar la construcción del templo, a pesar de los desafíos.

Gracias a las exhortaciones de Hageo, el pueblo reavivó su compromiso con la casa de Dios. La terminación del segundo templo atestigua el impacto de Hageo y simboliza la restauración del culto y la presencia divina.

Zacarías

Zacarías, también profeta postexílico, colabora con Ageo para inspirar la reconstrucción del templo de Jerusalén. Sus profecías, pronunciadas en visiones simbólicas y oráculos claros, abarcan un amplio espectro de temas, como la restauración de Jerusalén, la venida del Mesías y el futuro reino de Dios. Los mensajes visionarios de Zacarías combinan el aliento con severas advertencias, instando al arrepentimiento y al retorno a los caminos de Dios. El énfasis del profeta en el doble papel del Mesías venidero, un siervo humilde y un rey conquistador, contribuyó a una rica imaginería mesiánica. Imaginó una Jerusalén purificada y reunificada, símbolo de una futura era de restauración divina.

Las profecías de Zacarías, aunque profundamente arraigadas en el período postexílico, se extienden más allá de esa época, ofreciendo una visión panorámica del plan redentor de Dios. Sus palabras resuenan entre los cristianos, incitando a la reflexión sobre la fidelidad a Dios, la importancia del arrepentimiento y la anticipación del cumplimiento final de las promesas mesiánicas.

Malaquías

Malaquías, el último profeta del *Antiguo Testamento*, se dirigió a una comunidad postexílica que luchaba contra la apatía espiritual y el culto deficiente. Su nombre, que significa «mi mensajero», subraya su papel de mensajero divino. Malaquías confronta al pueblo con el amor perdurable de Dios y su infidelidad, desafiándolo a volver a un culto genuino. A través de una serie de diálogos, Malaquías aborda temas como la corrupción sacerdotal, la infidelidad matrimonial y las ofrendas carentes de sinceridad. Anticipa la venida de un mensajero que prepara el camino al Señor y hace un guiño profético a Juan el Bautista, que precedió a Jesús. Los mensajes de Malaquías revelaban el deseo de Dios de una devoción y fidelidad sinceras. Sus profecías hacen eco de temas como el arrepentimiento, la redención y la intervención divina. Su conclusión consolida el *Antiguo Testamento*, subrayando la importancia de la obediencia y de un remanente fiel. Sus palabras instan hoy en día a los cristianos a examinar su devoción y a abrazar el poder transformador del amor perdurable de Dios.

Momento de reflexión

1.Considere el contexto histórico de los libros proféticos. ¿De qué manera los desafíos sociales a los que se enfrentaron los profetas reflejan o difieren de los desafíos del mundo actual?

2.Reflexione sobre el papel del arrepentimiento en los mensajes proféticos. ¿Cómo se aplica a su propia vida el concepto de volverse a Dios?

3.Explore los temas recurrentes del juicio y la redención en los libros proféticos. ¿Cómo proporcionan estos temas un marco para entender la interacción de Dios con su pueblo?

4.Considere las profecías mesiánicas de los profetas. ¿Cómo configuran estas profecías su comprensión de Jesucristo y de su significado?

5.Reflexione sobre los mensajes de esperanza y redención de los libros proféticos. ¿Cómo pueden estos mensajes inspirar resistencia y fe ante la adversidad?

6.Considere la relevancia de los llamamientos de los profetas a la justicia social y al cuidado de los marginados en la sociedad actual. ¿Cómo afectan estas enseñanzas a sus acciones y actitudes?

7.Reflexione sobre los viajes personales y las luchas de los profetas. ¿Cómo se relacionan sus experiencias del llamado y la corrección de Dios con su propio camino espiritual?

8.Considere el tema general de la fidelidad de Dios a lo largo de los libros proféticos. ¿Cómo influye este tema en su comprensión del carácter de Dios y en su relación con Él?

Han pasado cientos de años desde que estos profetas vivieron y se escribieron sus libros, pero sus palabras siguen teniendo una profunda verdad hoy en día. Eso es lo asombroso de la Biblia: es un libro vivo, que respira y que sigue hablando a la vida de quienes lo buscan. Mientras lee los libros de los profetas, mantenga el corazón y la mente abiertos, y pídale a Dios que le revele cualquier área de su vida que necesite ajuste y transformación.

Capítulo 9: Los libros históricos: de *Josué* a *Ester*

Hay varios libros de la Biblia que abordan acontecimientos del pasado, pero los libros que está a punto de leer contienen algunas de las historias más fascinantes que dan forma a la vida temprana de un cristiano. Contienen toda una serie de acontecimientos, desde cambios de liderazgo, divisiones de reinos, reinados reales, exilios, regresos triunfales, historias de amor, etc. Este capítulo le guía a través de todos estos acontecimientos, simplificando los relatos y dando vida a los personajes y a su impacto en la fe de los cristianos. No debe abordar estos libros como un texto más de historia o una amena novela de ficción, sino como un relato detallado de la vida de personas que una vez caminaron por esta tierra, con sentimientos y emociones reales y con sus cruces y cargas a cuestas. Eran hombres y mujeres como usted, con desafíos y tentaciones, defectos y debilidades reales. Aun así, optaron por rendirse ante Dios y entregarse a su voluntad, incluso en momentos en los que parecía imposible. Son reflejos del valor humano, la fe y la intervención divina. Al recorrer estas páginas, abra su corazón para recibir sabiduría e inspiración para su vida.

Eran hombres y mujeres normales como usted, con retos y tentaciones de la vida real, defectos y debilidades[81]

¿De qué tratan estos libros?

Estos libros históricos son algo más que personas, lugares y sucesos; encarnan temas más amplios, que resuenan en otras partes de la Biblia. De ellos se pueden extraer cinco temas principales: La soberanía, la presencia, las promesas, el reino y la alianza de Dios. He aquí un análisis más detallado de cada tema:

1. **Soberanía de Dios:** Los libros históricos presentan sistemáticamente a Dios como soberano de todo, desde la naturaleza hasta los asuntos de las naciones. Su autoridad se demuestra mediante milagros y exige la sumisión de Israel.

2. **Presencia de Dios:** A lo largo de estos libros, Dios estuvo íntimamente involucrado en los asuntos de los hombres. Nombró líderes como Josué, jueces en tiempos de angustia y eligió reyes. Su cercanía es evidente en la ayuda prestada a los reyes y profetas piadosos. Sin embargo, a veces, su presencia parece oscurecida, a menudo vinculada al pecado de Israel o, en algunos casos, a actos deliberados.

3. **Promesas de Dios:** Los libros históricos, especialmente los que se hacen eco de los temas del Pentateuco (cinco libros), no dejan lugar a dudas de que Abraham fue portador de la promesa, y de que esta le sobrevivió. Esta promesa (llamada «Alianza Abrahámica») constituida por la posesión de tierras, la proliferación de hijos y la bendición, se cumplió principalmente en tiempos de Josué.

4. **Alianza de Dios:** La Alianza Abrahámica implicaba que la conformidad con los mandamientos del Señor era un deber humano muy serio, demostrado por la fidelidad de Abraham. Luego surgió otro pacto llamado Pacto Mosaico para regir la vida según la promesa de recompensas por la justicia y castigos por la injusticia, lo que se describe frecuentemente en los libros históricos.

5. **Reino de Dios:** El poder soberano de Dios se refleja explícitamente en su gobierno sobre el mundo, pero también implícitamente a través de los reyes terrenales. Estos servían como representantes de Dios en la tierra, a quienes se les confiaba u reino, tal y como se describe en textos como 2 *Crónicas* 13, *Zacarías* 7:9 y 1 *Crónicas* 29:5.

Los libros históricos

A continuación se presentan los libros desde *Josué* hasta *Ester.*

Josué

En el libro de *Josué*, el experimentado liderazgo de Moisés fue sustituido por el valiente liderazgo de Josué. Esta sección simboliza un punto decisivo en la historia de la humanidad, que fue justo antes de que los israelitas entraran en la tierra prometida para luchar y reclamar su herencia. La historia comienza con la muerte de Moisés, el célebre guía que condujo a los israelitas a través del desierto. Ahora, el papel de líder recayó en Josué, un seguidor consagrado de Moisés. El libro de Josué recoge todo el viaje de los israelitas a Canaán, tierra que Dios les había dedicado. Todo el relato se centra en el cruce del río Jordán, un acontecimiento milagroso que reproduce la división del Mar Rojo en tiempos de Moisés, la caída de los muros de Jericó y el sol que permaneció inmóvil por orden de Josué durante una difícil batalla. Estos hechos fueron el resultado de la obediencia y la intervención divina al paso de los israelitas, y también significan la presencia de Dios con ellos. También describe algunos territorios que se asignaron a las doce tribus en el proceso de asentamiento en Canaán, que sirvieron de modelo para los israelitas. El texto llega a su fin con un pacto solemne establecido entre el pueblo y un Dios fiel.

El libro de *Josué* describe la importancia de tener una fe inquebrantable y permanecer fiel al tratar con Dios. La vida de Josué sienta las bases de los demás relatos bíblicos, recordando que el legado se construye sobre la confianza en Dios y la fidelidad a los propios principios.

Jueces

El libro de los *Jueces* surge como una emocionante continuación de Josué, detallando los turbulentos tiempos pasados de Israel. Aunque emplea la Tierra Prometida como trasfondo narrativo, el libro sigue una secuencia de crónicas desde el momento de la captura hasta la época de la opresión y el ciclo de acciones y reacciones, la época de los jueces. Mientras los israelitas se asentaban en sus zonas designadas, Dios nombraba diferentes jueces, personas carismáticas y dedicadas, para guiarlos y conducirlos a la liberación de la opresión. Estos jueces, como Gedeón, Sansón y Débora, desempeñaron un papel clave en la vida de los israelitas. El libro de los *Jueces* pone de relieve la cultura y la política de la época. Retrata una sociedad que lidiaba con las complejidades humanas de ser fiel. En su lucha constante por el poder en medio de los altibajos de sus victorias y derrotas, los israelitas también lidiaban con el problema de la convivencia con los pueblos vecinos y la atracción de los dioses de otras tribus. La entrada de cada juez es el eco resonante de la llamada de la nación a la liberación, retratando una manifestación de los actos divinos en medio de la imperfección humana.

El libro de los *Jueces*[33]

El ciclo de rebelión, opresión, arrepentimiento e intervención milagrosa de Dios revela las pruebas espirituales y morales sufridas por los israelitas. El libro de los *Jueces*, más allá de la recopilación histórica, es un gran examen de la naturaleza humana. Revela los problemas alrededor de las aspiraciones de un pueblo que se esfuerza por cumplir su pacto con Dios. Es un colorido retrato de la experiencia humana típica: liderazgo defectuoso, agitación social y la fidelidad eterna de un Dios que perdona. Esta época de los jueces allanó el camino para discursos más profundos sobre el laberinto de las relaciones divino-humanas y la búsqueda interminable de la justicia y la rectitud. Algunos de estos jueces fueron:

- **Débora:** Débora, profetisa y juez, desafió las normas sociales con una fe inquebrantable. Sus sabios consejos y su liderazgo guiaron a Israel hacia la victoria contra los cananeos. Es conocida por el papel fundamental que desempeñó en la liberación de Israel.

- **Sansón:** Sansón, caracterizado por su increíble fuerza y sus votos nazareos, luchó contra sus debilidades personales. A pesar de sus defectos, sus hazañas contra los filisteos mostraron el poder de Dios a través de la fragilidad humana. Su vida reveló las consecuencias de sucumbir a la tentación.

- **Jefté:** Jefté pasó de paria a juez. Su voto, que tuvo como consecuencia el sacrificio de su hija, personificó las complejidades de la devoción y el costo humano de las promesas precipitadas. Su liderazgo aseguró un breve descanso a Israel.

- **Gedeón:** Gedeón, inicialmente dubitativo, se convirtió en un valiente líder. Dirigió un pequeño ejército para derrotar al gran ejército madianita. Su historia pone de relieve el poder transformador de la fe y la capacidad de Dios para utilizar a personas insólitas.

- **Aod:** Aod, un juez zurdo, orquestó un audaz asesinato al rey opresor de Moab, Eglón. Su acción estratégica y decisiva liberó a Israel de la opresión moabita, ejemplificando la inesperada liberación de Dios.

- **Otoniel:** Siendo el primer juez de Israel, ascendió a la prominencia al derrotar a los mesopotámicos. Su liderazgo sentó un precedente para los jueces que le siguieron debido a su fidelidad a Dios. Otoniel ejemplificó la importancia de la obediencia para asegurar la liberación de Dios.

Rut

El libro de *Rut* muestra la fidelidad, la salvación y el favor de Dios a través de los ojos del personaje principal, Rut, que da nombre al libro. Los acontecimientos de este libro tuvieron lugar en una época en la que los jueces aún gobernaban al pueblo de Dios. Aparte de eso, también era una época problemática para los israelitas, que se enfrentaban a graves problemas agrícolas. La historia comienza con la partida de la familia de Noemí hacia las tierras de Moab a causa de una gran hambruna que afecta a las tierras de Israel. La tragedia despoja a Noemí de su esposo y de sus hijos, dejándola sin descendencia. Rut, la nuera de Noemí, decide aferrarse a ella en sus tiempos difíciles cuando declara: «El pueblo que te agrada debe ser mi pueblo, y el Dios que adoras debe ser también mi Dios». *Rut* 1:16-17. Rut y Noemí regresan a Belén, pasando apuros económicos como viudas y trabajando en las hileras de espigadores para sobrevivir. Rut se gana la admiración de Booz, que más tarde se casa con ella y trae la redención a su suegra.

Desde el punto de vista cultural, *Rut* ofrece una visión de las costumbres israelitas, los lazos de parentesco y la práctica de las responsabilidades del pariente redentor. La historia refleja las expectativas de la sociedad, los retos económicos y la resistencia de las personas que atraviesan tiempos de incertidumbre. Además, la acción de Rut sugiere cómo la elección de una persona importa en la historia más amplia de la vida, así como el destino. La historia es una esperanza en Dios para hacer restituciones. El tema principal es la combinación de la lucha individual, las acciones de la sociedad y la guía siempre presente de Dios.

1º y 2º Samuel

Los libros *1º* y *2º* de *Samuel*, que encarnan la narración histórica del tiempo del antiguo Israel, documentan una complicada fase de evolución, desde la época en que Dios era su único rey hasta el establecimiento de la realeza terrenal. Los personajes principales son Samuel, el último juez; Saúl, profeta central y primer rey de Israel; y David, la figura más importante. David empezó como pastorcillo y acabó como rey y personaje emblemático de la historia de Israel. La historia comienza con el relato del nacimiento de Samuel y su posterior elección como mensajero de Dios. Sin embargo, en medio de la petición del pueblo de que se nombrara un gobernante terrenal, Dios ordena a Samuel que unja a Saúl como primer rey de Israel.

Culturalmente, estos libros revelan las prácticas religiosas israelitas, la sociedad que les rodeaba y la familia (clan) como base de su vida. Revela los intentos del pueblo judío por formar una estructura de gobierno centralizada, al tiempo que se enfrentaba a amenazas externas y a la fragmentación interna. La historia describe el desacuerdo entre el modo de vida tribal y el surgimiento de una nueva monarquía. Muestra cómo la cultura tribal se fortaleció frente a cualquier cambio, especialmente los relacionados con el sistema de gobierno. En el libro se muestran los retos que conlleva el liderazgo y las consecuencias de no obedecer las órdenes de Dios. El reinado de Saúl se caracteriza por sus logros y derrotas, que le llevaron a un prolongado proceso para afianzar su poder y preservar la alianza israelita. El ascenso de David marca una nueva época en la historia de Israel mediante la valentía, la astucia y el favor de Dios.

Ambos libros están muy vinculados a la resistencia de los israelitas ante las intrigas políticas y el renacimiento espiritual. Las historias de

Samuel, Saúl y David son relatos intemporales que enseñan sobre el liderazgo, la fidelidad y el poder de Dios en los asuntos de una nación.

1º y 2º Reyes

Los libros de *1º* y *2º Reyes* son los libros de historia que continúan donde terminan los libros de *Samuel*. Estos libros ofrecen un relato detallado del período monárquico, presentando los reinados de los reyes y los ministerios proféticos de Elías y Eliseo. Este libro ofrece a sus lectores una visión general de la situación política, cultural y religiosa del antiguo Israel. Se encuentran diferentes reyes del reino de Israel y Judá, cuya actuación se evalúa por su obediencia a los estatutos del Señor.

En cuanto a la cultura, estos libros hablan de las prácticas religiosas judías, los códigos sociales y su creencia en un único Dios verdadero, que a menudo se corrompía con la idolatría. El tema general de estos libros es el continuo conflicto que los reyes de Israel tenían sobre la lealtad total a Dios y su atracción por los dioses extranjeros. Uno tras otro, se enfrentaban a las mismas luchas, mientras intentaban establecer una alianza con Dios.

Ambos libros ofrecen una visión descarnada de lo que ocurre si los líderes incurren en el mal. El argumento refleja el ciclo de la apostasía, la ira de Dios y la restauración de Israel por parte de Dios. Centrados en la sucesión real y la política cortesana, los libros abordan las ideas del poder, la lealtad y las repercusiones duraderas de las acciones de los hombres. Al final, *1º* y *2º Reyes* ofrecen una enseñanza cautelosa, pero al mismo tiempo dan testimonio de la sinceridad de Dios, que permanece fiel a pesar de las imperfecciones humanas.

1º y 2º Crónicas

Las *Crónicas* ofrecen un relato de la historia de Israel diferente al de la Biblia. Estos libros tratan de las genealogías, la cultura y los reinados de los distintos reyes, ofreciendo una visión detallada del país. Las *Crónicas 1* se abren con genealogías que abarcan la descendencia desde Adán hasta la línea davídica, y la promesa de Dios se ve en la continuidad de la cadena. Sigue una sección dedicada al reinado de David, en la que se describe su modelo de reinado basado en el culto. El auspicioso reinado de Salomón, que cumplió con la construcción del templo, fue el acontecimiento más destacado, y se elaboró extensamente con un enfoque en todos los rituales religiosos.

El libro de las *Crónicas 1*[33]

Ceremonialmente, estos libros se centran en la importancia del culto, el papel del sacerdocio y el significado de la ley de Dios dentro de la cultura de la fe. El primer libro de las *Crónicas* presenta una visión idealizada de la historia de Israel, haciendo hincapié en los aspectos espirituales y en la persistencia de los cordones de la alianza. La agenda teológica del cronista (refiriéndose al escritor del libro) aspira a adorar a Dios sabiamente y permanecer leal a la persona correcta. En términos políticos, las *Crónicas* repiten el periodo monárquico, haciendo hincapié en los reinados de David y Salomón y continuando con el rastreo de los gobernantes de Judá. El cronista emite su juicio sobre cada monarca, según su devoción al Señor y el cumplimiento de la alianza. La explicación revela la interpretación teológica de la realidad histórica, haciendo hincapié en las consecuencias políticas de la obediencia y la desobediencia.

En resumen, las *Crónicas* pretenden ser un reflejo teológico de la historia de Israel, ya que se centran en la fidelidad a Dios y el liderazgo justo. La Biblia sigue llamando al pueblo a renovar su relación con Dios, recordándole que los compromisos de Dios son eternos. *Crónicas* ofrece una perspectiva novedosa de las experiencias batalladoras de los israelitas y de sus esperanzas, que los dispone a la contemplación espiritual y fortalece su fe en Dios.

Esdras

El libro de *Esdras*, continuación de los relatos históricos de *Crónicas 2*, se centra en los acontecimientos que rodean el resurgimiento de los exiliados judíos de Babilonia y su regreso a Jerusalén. El sacerdote Esdras es el protagonista de los planes de restauración, centrados principalmente en el renacimiento de su vida espiritual. El escenario se sitúa en la época del Imperio persa y del Decreto Real del rey Ciro a los judíos de Babilonia, que les permitió regresar a su patria. Desde el punto de vista cultural, Esdras hace hincapié en el mantenimiento de su identidad religiosa y en la observancia de la ley de Dios. La reconstrucción del templo representa el restablecimiento por parte de Dios de la relación entre los hijos de Israel y Él mismo y la vuelta al camino del culto. El libro subraya los problemas a los que se enfrentaron los repatriados, como la oposición de las comunidades vecinas y los conflictos internos.

Políticamente, Esdras se enfrentó a complicaciones al trabajar para los persas. El libro muestra el conflicto entre las exigencias de libertad judía y la conformidad con los gobernantes griegos, ya que Esdras pretendía fomentar una comunidad basada en el compromiso con las leyes de Dios. El libro de *Esdras* es un testimonio de la fidelidad de Dios en respuesta a las oraciones de restauración y redención. El regreso de los exiliados es un punto de inflexión en la historia de Israel, que marca el comienzo de un nuevo ciclo en la conexión de la nación con Dios. Gracias a las acciones de Esdras y los demás líderes, el pueblo judío experimentó un renacimiento espiritual. Reavivaron su fidelidad a la Alianza de Dios.

En resumen, *Esdras* transmite un mensaje contundente sobre las dificultades y los sueños de los israelitas en su lucha por restaurar su país y aspirar a una vida mejor. La historia es un testimonio de la importancia de la fidelidad, la perseverancia y la confianza en la misericordia de Dios en tiempos difíciles.

Nehemías

El libro de *Nehemías* es el cierre de la narración de la restauración de los judíos tras su exilio a Babilonia y la estructura de la construcción de las murallas de Jerusalén, que tuvo lugar bajo la supervisión de Nehemías. A Nehemías, copero del rey en Persia, se le permitió regresar a Jerusalén para supervisar el proyecto de reconstrucción. *Nehemías* indica la importancia de la lealtad y la fe en Dios durante un período difícil. Por otra parte, la reconstrucción de las murallas simboliza la seguridad de la ciudad de Jerusalén y de su pueblo. El liderazgo de Nehemías debe destacarse como un componente fundamental del éxito de la gobernanza y de la mejora de los líderes locales en el proceso de reducción de los desafíos sociales y económicos.

Políticamente, Nehemías atraviesa las dificultades de gobernar bajo dominio persa asegurándose de que las expectativas del gobierno imperial corresponden con las de la comunidad judía. El relato bíblico retrata a Nehemías como un hábil administrador y diplomático que buscó activamente la paz con los enemigos circundantes y ejecutó reformas centradas en acabar con la injusticia y la desigualdad. El libro de *Nehemías* es una crónica de la firmeza y obstinación del pueblo judío por reconstruir su tierra y restaurar sus religiones. El argumento es una muestra de las penurias y esperanzas de los israelitas en su empeño por devolver a Jerusalén su antigua grandeza y reavivar sus relaciones con Dios.

A la luz de todo ello, *Nehemías* revela lecciones sobre los problemas de la construcción de un Estado y la importancia de un líder visionario en tiempos críticos. Esta historia anima a seguir adelante, incluso en la oscuridad, y a continuar la lucha por la restauración que implica justicia, seguridad y renovación espiritual. Con el ejemplo de Nehemías, el libro revela el papel vital de la fe, la resistencia y la gracia divina para lograr reformas duraderas.

Ester

El libro de *Ester* está ambientado en el Imperio persa del siglo V, cuando los judíos estaban dispersos por todo el mundo y cuenta una brillante historia de los judíos de la época. La historia se desarrolla en la capital, Susa, donde el rey Jerjes gobierna un imperio de grandes recursos que se extiende desde la India hasta Cush. Las figuras centrales de la historia son Ester, una huérfana judía que se convierte en reina, su primo y tutor Mardoqueo, y un asesino de judíos, Amán.

En el aspecto cultural, *Ester* revela las luchas por mantener la identidad y el compromiso con el judaísmo en un entorno extranjero. La historia ahonda en cuestiones de asimilación y resistencia cuando Ester tiene que ocultar su verdadera identidad a pesar de su participación en las funciones de la corte. La negativa de Mardoqueo a mostrar respeto a la mano derecha del rey, Amán, impulsa una serie de acontecimientos que culminan en el complot para erradicar a todos los judíos.

El libro de *Ester* revela los procesos de poder y las maniobras que se producían en el seno de la corte persa. A medida que Jerjes, el rey, se impresiona con Amán, un destacado funcionario que lleva la antorcha de su odio contra Mardoqueo y los judíos, se ponen de relieve los peligros de las comunidades minoritarias ante los planes políticos. La valentía de Ester al impedir la masacre planeada por Amán demostró que podía producirse un punto de inflexión en el camino de la historia de una nación mediante el acto audaz de una sola persona. El libro de *Ester*, en cierto modo, prepara el escenario para las preguntas posteriores sobre lo que significa ser judío en el exilio, lo que se requiere para la supervivencia del pueblo judío en un entorno hostil, y cómo Dios cuida de su pueblo en situaciones turbulentas. Purim, la fiesta que celebra la liberación del pueblo judío y su importancia perdurable para los judíos, se celebra los días 14 y 15 de febrero.

En general, el libro de *Ester* describe una sorprendente historia de desafío, resistencia y presencia divina en medio de circunstancias difíciles. Esta historia es una lección universal sobre la fidelidad, los lazos fuertes y la eliminación de la injusticia, valores que los lectores siempre han apreciado. A través de la situación de Ester y Mardoqueo, la historia alienta la esperanza y la perseverancia durante el periodo de incertidumbre y opresión.

Momento de reflexión

1. Piense en el significado de los pactos, ¿cómo puede influir la comprensión de estos acuerdos en su compromiso con Dios?

2. Considere los roles de liderazgo, ¿cómo puede aplicar o evitar aspectos de los estilos de liderazgo vistos en los reyes históricos en sus áreas de influencia?

3. Reflexione sobre las promesas de Dios, ¿cómo puede la seguridad de sus compromisos influir en su perspectiva y sus decisiones, especialmente en momentos de incertidumbre?

4. Reflexione sobre los momentos de su vida en los que ha sentido la presencia de Dios. ¿Cómo puede cultivar un conocimiento más consciente de su cercanía en las experiencias cotidianas?

5. Considere los temas de la obediencia y la desobediencia, ¿de qué manera las elecciones de los personajes lo hacen reflexionar sobre sus respuestas a la guía de Dios en diversas situaciones?

Los libros históricos identifican varios temas y mantienen consistentemente un tema general que revela el continuo cumplimiento de Dios de su promesa de estar con sus hijos. Los relatos plasmados en estos libros no eran solo para conocimiento histórico o teológico, sino para abrir el corazón de cada lector a Dios y a sus intenciones. La Biblia sigue siendo el mejor lugar al que acudir para sacar el máximo provecho de estas historias.

Capítulo 10: La relación entre el *Antiguo* y el *Nuevo Testamento*

A estas alturas, usted ya sabe que la Biblia es una gran pieza unificada, desde el comienzo mismo del *Génesis* hasta el final de *Malaquías*. El *Antiguo Testamento* prepara el escenario y sienta las bases para las buenas nuevas que trae el *Nuevo Testamento*. El *Nuevo Testamento* es más figurativo; reúne todo lo que el *Antiguo Testamento* trata de decir. Es imposible no ver cómo el Espíritu Santo inspira divinamente la Biblia, ya que contiene todo lo necesario para la vida. Todos los libros, desde el *Antiguo* hasta el *Nuevo Testamento*, están bellamente entrelazados. Se complementan entre sí, desde la creación de Adán hasta la venida de Jesús, desde los profetas de la

La Biblia solo tiene sentido fusionando el *Antiguo Testamento* con el *Nuevo Testamento*[34]

antigüedad hasta los apóstoles de la Iglesia primitiva, etc. Es una gran historia de diferentes temas cuya relevancia y significado trasciende el tiempo. Sus lecciones siguen siendo muy aplicables en el mundo de hoy.

Una sección está incompleta sin la otra: tener el *Nuevo* sin el *Antiguo* no es correcto, y viceversa; habría demasiados huecos sin llenar y piezas faltantes. La Biblia solo tiene sentido fusionando ambas partes; no se puede descartar ninguna. De hecho, la mayor parte de las enseñanzas de Jesús y de sus apóstoles se basan en referencias del *Antiguo Testamento*, y no es difícil darse cuenta de ello, ya que las biblias modernas incluyen referencias cruzadas entre el *Antiguo* y el *Nuevo Testamento*. Sin embargo, la unión entre estas dos secciones es mayor que esto; la Biblia no trata solo de la historia contada por el *Antiguo Testamento*, que más tarde fue revivida por Cristo en el *Nuevo Testamento*. Habla del amor inagotable de Dios, que se manifiesta en su búsqueda incesante de la humanidad, una búsqueda de amor que dio lugar al cumplimiento de la promesa de Jesucristo como salvador del mundo.

Este capítulo simplifica el vínculo entre las dos secciones de la Biblia, identifica temas similares, compara y contrasta ambos textos basándose en su uso en las distintas secciones. Además, brinda una comprensión mejor y más fundamentada de la Biblia en general.

El vínculo

Es necesario entender el vínculo entre el *Antiguo Testamento* y el *Nuevo Testamento* para establecer una perspectiva del camino cristiano y conocer el propio lugar y rol en el cuerpo de Cristo. Durante todo el *Antiguo Testamento*, solo el pueblo de Israel era el pueblo elegido de Dios. Sin embargo, eso cambia con la venida de Jesucristo, en el *Nuevo Testamento*, que trajo consigo una reconciliación con Dios. Sin embargo, caminar bajo el Nuevo Pacto no disminuye la importancia del *Antiguo Testamento*, sino que una mirada enfocada en ambas secciones, una al lado de la otra, brinda una mejor comprensión del lugar y la herencia de los fieles como creyentes e hijos de Dios. El *Nuevo Testamento* es el cumplimiento de la promesa hecha en el *Antiguo Testamento*, y no se puede hacer una cosa sin la otra.

La Biblia es una sola historia con dos partes, el *Antiguo* y el *Nuevo Testamento*, que funcionan conjuntamente. Se validan mutuamente porque comparten un autor común: Dios. Aunque diferentes personas escribieron físicamente la Biblia, lo hicieron bajo la inspiración del

Espíritu Santo. En *Pedro 2* 1:21 se afirma que los hombres santos hablaron según los impulsaba el Espíritu Santo. Esto enfatiza que cada palabra de la Biblia proviene de la inspiración divina.

Para confirmar, *Timoteo 2* 3:16 declara que toda la Escritura es dada por inspiración de Dios, sirviendo para varios propósitos. Cuando entiende esto, se da cuenta de que Dios, como autor divino, tenía un objetivo central: la revelación de Cristo a los cristianos. Jesús mismo lo señala en *Juan 5*:39, afirmando que las Escrituras dan testimonio de Él. Así que, aunque encuentre a Jesús solo en el *Nuevo Testamento*, su presencia está ahí desde el principio de la Biblia. El mensaje central a lo largo de todos los libros es Cristo, haciendo de la Biblia una revelación cohesiva del plan de Dios para su pueblo. Sin el conocimiento de la caída del hombre, sus débiles intentos de reconciliarse de nuevo con Dios, los esfuerzos realizados durante generaciones, la promesa de un camino mejor y la anticipación del cumplimiento de esa promesa, el *Nuevo Testamento* no tendría tanto significado como lo tiene. Los nuevos cristianos deben ver dónde empezó todo, cómo un acontecimiento llevó a otro, y cómo se relacionan.

Por lo tanto, he aquí algunos temas centrales, eventos, personas y cosas que tuvieron lugar en el *Antiguo Testamento* y que se enfatizan en el *Nuevo Testamento*:

Explorar la conexión entre el *Antiguo* y el *Nuevo Testamento*

El *Antiguo Testamento* y el *Nuevo Testamento* pueden parecer libros separados, pero están profundamente conectados. Esta sección muestra cómo las prácticas, leyes y ceremonias del *Antiguo Testamento* ayudan a entender el panorama general del plan de Dios.

Prácticas del *Antiguo Testamento* cumplidas en el *Nuevo Testamento*

En los tiempos del *Antiguo Testamento*, los hijos de Israel ofrecían sacrificios de animales para compensar sus pecados y obtener una posición correcta a los ojos de Dios. Estos sacrificios eran tediosos, ya que cada uno de ellos requería reglas y rituales específicos de la Ley Mosaica. Además de eso, no lograban alcanzar la pureza total, ya que estos sacrificios tenían que hacerse una y otra vez. Debido a esto, el *Nuevo Testamento* fue hecho para marcar el comienzo de un cambio único en las formas de lograr la redención y la justicia en el *Antiguo*

Testamento. La antigua forma de sacrificar animales encuentra su último significado y culminación en la obra de Jesucristo. A menudo se le llama el «Cordero de Dios» porque su sacrificio en la cruz fue la ofrenda perfecta para cumplir el propósito de los sacrificios de animales de una vez por todas. La Biblia dice, en *Hebreos* 9:11-12, que «Jesús, con su sangre, aseguró la redención eterna». Esto significa perdón y una relación restaurada con Dios. Lo que tanto se esforzaron por establecer y conservar en el *Antiguo Testamento*, por fin estaba disponible. Para mayor claridad, Jesús no vino a deshacerse de las normas del *Antiguo Testamento*, sino a cumplirlas; así lo explica en *Mateo* 5:17. Su sacrificio en la cruz reemplaza totalmente la necesidad de sacrificios de animales, y esto es importante porque es un sacrificio único para todos.

Su sacrificio en la cruz reemplaza totalmente la necesidad de sacrificios de animales, y esto es importante porque es un sacrificio único para todos[35]

El *Nuevo Testamento* deja claro que el sacrificio de Jesús es diferente de los antiguos sacrificios de animales, que tenían un impacto temporal y simbolizaban que algo mejor estaba por venir. El sacrificio en la cruz fue una solución completa y final al problema del pecado. En *Hebreos* 10:19-20, se anima a los cristianos a acercarse con confianza a Dios gracias al sacrificio de Jesús. Su sacrificio abre un nuevo camino para que todos se conecten con Dios. En resumen, la práctica del *Antiguo Testamento* de sacrificar animales encuentra su cumplimiento en la persona y la obra de Jesús. El sacrificio en la cruz abre un nuevo camino para que la gente se relacione con Dios.

Las leyes del *Antiguo Testamento* se cumplen en el *Nuevo Testamento*

Algo muy característico de las costumbres judías era la gran cantidad de leyes: morales, ceremoniales y civiles. Estas leyes no eran solo para aparentar; eran la fuerza que guiaba a los hijos de Israel en aquel entonces. Eran una parte esencial de sus vidas. Si se estudia el *Nuevo Testamento*, especialmente a través de las enseñanzas de Jesús, se encuentra que estas leyes permanecen, pero se cumplen de una manera nueva. Jesús no llegó para deshacerse de las leyes del *Antiguo Testamento*, sino para mostrar su verdadero significado. De alguna manera, el pueblo había perdido el rumbo y no entendía las enseñanzas de Dios a lo largo de varias generaciones. Debido a su amor, Él quería que la gente entendiera el corazón y el espíritu detrás de las reglas y no solo que las siguieran. En *Mateo* 5:17, Jesús dice: «No he venido a abolir la Ley, sino a cumplirla», lo que significa que quería completar el propósito de estas leyes. Tenía que mostrarles a ellos y a todos los que vinieran después el verdadero significado de la ley.

Un ejemplo central es el mandamiento de «amar al prójimo» del *Antiguo Testamento*. En el *Nuevo Testamento*, Jesús da un paso más, enseñando a todos no solo a amar a los que están cerca, sino incluso a los enemigos (*Mateo* 5:43-44). Esto muestra un cambio de seguir las reglas a dejar que el amor transforme el corazón (un aspecto clave del cumplimiento de la ley en el *Nuevo Testamento*). Esto significa que en lugar de cumplir la ley robóticamente, se debe obedecer por amor a Dios y a su pueblo. A Dios siempre le ha importado más el corazón que las acciones. El estado del corazón es lo que importa. Cuando un corazón está impulsado por el amor, con gusto obedece cada instrucción, pero si no, el cumplimiento de las leyes es rígido y forzado.

En el *Antiguo Testamento*, las leyes dadas a los israelitas estaban escritas en piedra, eran externas y visibles. Sin embargo, con la llegada del Nuevo Pacto, se cumple la promesa de una manera diferente y mejor: Dios mismo escribe sus leyes en el corazón de los fieles, enfatizando una relación personal sobre las regulaciones externas. Esta promesa se menciona en el libro de *Jeremías* 31:33 del *Antiguo Testamento*. Las leyes del *Antiguo Testamento* encuentran una comprensión nueva y más clara en el *Nuevo Testamento*. Jesús muestra el corazón detrás de las reglas, y el Nuevo Pacto trae una conexión personal con Dios. No se trata solo de seguir leyes externas; se trata de dejar que el amor lo transforme y de abrazar una relación más profunda con Dios a través de las enseñanzas de Jesús. Al hacer esto, se cumplen todas las leyes sin esfuerzo.

Ceremonias del *Antiguo Testamento* cumplidas en el *Nuevo Testamento*

En el *Antiguo Testamento*, ciertas prácticas como la circuncisión, la Pascua y el sábado tenían un papel importante en la observancia religiosa de los israelitas; al igual que las leyes, estas costumbres eran parte fundamental de la cultura israelita. Sin embargo, al igual que sucedía con las leyes, estas prácticas se hacían sin la comprensión correcta. Al pasar al *Nuevo Testamento*, estas prácticas adquieren un significado renovado y más profundo a través de la lente de Cristo y la fe cristiana. El *Antiguo Testamento* mostraba cómo se hacían, pero el *Nuevo Testamento* revela por qué se hacen: no la razón por la que se hacían en el *Antiguo Testamento*, sino la razón por la que Dios las estableció en un principio.

La circuncisión, que antes era una marca física del pacto en el *Antiguo Testamento*, sufre una profunda transformación espiritual en el *Nuevo Testamento*. Queda bien explicado en *Romanos 2:29*, cuando el apóstol Pablo subraya que la verdadera circuncisión es una cuestión del corazón, que se logra mediante la fe en Cristo. Pasa de ser un ritual externo a una realidad espiritual del cristiano, que simboliza una profunda conexión interna con Dios.

La Pascua es un acontecimiento fundamental que conmemora la liberación de los israelitas de la esclavitud de Egipto. El *Nuevo Testamento* revela a Jesús como el cumplimiento definitivo de este ritual del *Antiguo Testamento*. Al igual que la circuncisión, su propósito fue reinventado. En *Corintios 1 5:7*, el apóstol Pablo describe a Cristo como el verdadero cordero de la Pascua, sacrificado por la liberación de los creyentes de la esclavitud espiritual. Este versículo ayuda a la fe cristiana a encontrar su fundamento en la liberación producida por la muerte sacrificial de Jesús y por su resurrección. Además, el sábado, día de descanso y reflexión en el *Antiguo Testamento*, experimenta un cumplimiento transformador en las enseñanzas de Jesús. En *Mateo 11:28-30*, Jesús invita a los creyentes a encontrar el descanso no solo en un día específico, sino continuamente a través de la relación con él. Enfatiza que el sábado está hecho para el hombre y no el hombre para el sábado, como se afirma en *Marcos 2:27*.

Esta nueva comprensión enfatiza el propósito del sábado, lo que significa que su observación se extiende más allá de la rigidez y contempla un aspecto relacional, donde los cristianos descubren paz y renovación para sus almas. La enseñanza revela que el sábado es un don de Dios destinado a la restauración y el rejuvenecimiento espiritual de la humanidad. Por lo tanto, en el contexto del *Nuevo Testamento*, el sábado encuentra su cumplimiento en Jesús, que ofrece un descanso perpetuo y significativo que va más allá de la mera adhesión a un día específico.

En esencia, estas prácticas del *Antiguo Testamento* encuentran un significado más rico y profundo en el *Nuevo Testamento*. La circuncisión se convierte en una transformación espiritual del corazón a través de la fe, la Pascua encuentra su plenitud en Jesús como cordero liberador, y el sábado evoluciona hacia un descanso espiritual continuo en una relación con Cristo. Estas transformaciones muestran la profundidad espiritual que Cristo aporta a estas antiguas prácticas, yendo más allá de los meros rituales y hacia una conexión significativa y continua con Dios en la fe cristiana. Cristo es el corazón y la fuerza vital del camino cristiano; sin él, todo lo demás son meras prácticas.

Las fiestas y festivales del *Antiguo Testamento* se cumplen en el *Nuevo Testamento*

Otra práctica del *Antiguo Testamento* que encuentra cumplimiento y expresión en el *Nuevo Testamento* son las fiestas, como la fiesta de los Tabernáculos y la fiesta de Pentecostés. Estas prácticas tenían un significado especial como celebraciones de la fidelidad y la provisión de Dios; sin embargo, en el *Nuevo Testamento*, encuentran su cumplimiento en Jesús y en los acontecimientos que rodearon su vida, muerte y resurrección, y también en la efusión del Espíritu Santo. La fiesta de los Tabernáculos, que es un recuerdo del viaje de los israelitas y de la presencia de Dios con ellos en el desierto, encuentra su cumplimiento en el *Nuevo Testamento* a través de Jesús. Cuando en *Juan* 1:14 se dice que «el verbo se hizo carne y habitó entre nosotros», el término «habitó» utilizado en ese versículo puede traducirse como «tabernáculo» o «vivió» a partir de la palabra griega original. Esto significa que Jesús, en su vida aquí y después, encarna la presencia de Dios entre nosotros, proporcionando guía, protección y sustento.

La fiesta de Pentecostés, inicialmente una celebración de la cosecha, adquiere un nuevo significado en el *Nuevo Testamento* con la llegada del Espíritu Santo. En *Hechos* 2, se ve a los discípulos experimentar la venida del Espíritu Santo sobre ellos, simbolizada por lenguas de fuego. Este acontecimiento, descrito en *Hechos* 2:2-4, marca el comienzo de la Iglesia y habilita a los cristianos para compartir el mensaje de Cristo por todo el mundo.

Así pues, estas fiestas, que en el *Antiguo Testamento* son un recordatorio de la fidelidad de Dios, en el *Nuevo Testamento* son más que eso; apuntan al cumplimiento de sus promesas en Cristo. Jesús es la encarnación viva de la fiesta de los Tabernáculos, que proporciona protección y guía espiritual. Al mismo tiempo, la fiesta de Pentecostés, con la llegada del Espíritu Santo, significa el nacimiento de la Iglesia y la presencia continua de Dios con su pueblo. En esencia, estas fiestas no son meros rituales históricos. Son símbolos vivos del plan redentor de Dios. En Jesús, las promesas de provisión, guía y Espíritu Santo encuentran su pleno cumplimiento. Como cristiano actual, está invitado a celebrar no solo los acontecimientos pasados, sino también la realidad presente de la fidelidad de Dios en su vida. Estas fiestas eran solo un atisbo de lo que estaba por venir, pero reflejan brillantemente la obra transformadora de Jesús y la presencia continua del Espíritu Santo en el establecimiento y crecimiento de la Iglesia.

La llegada del Espíritu Santo significa el nacimiento de la Iglesia y la presencia continua de Dios con su pueblo[86]

Adán: el primero y el segundo

Cuando se analiza la relación de las prácticas del *Antiguo Testamento* con las del *Nuevo Testamento*, es importante ver cómo encajan Adán y Jesús en el cuadro. Los sacrificios y las reglas del *Antiguo Testamento* eran como una preparación para que Jesús viniera a arreglar las cosas. Jesucristo, a menudo llamado el segundo Adán, no fue solo el segundo; fue el último, el Adán perfecto. Él arregló el desorden causado por los errores *del primer Adán*, y lo hizo sacrificándose para arreglar las cosas con Dios. Una mirada a usted mismo, a través de la lente de Adán y Jesús, es una clara representación del hombre anterior, que era el viejo usted, que murió para dar paso al hombre nuevo. Jesús no solo hablaba de seguir las reglas, sino que las vivía a la perfección. Esto hizo una gran diferencia y muestra lo que significa vivir una buena vida bajo el plan de Dios. Entonces, ver cómo Jesús manejó las cosas en comparación con Adán es como ver los viejos problemas arreglados por Jesús. Toda esta correlación entre Adán y Jesús muestra el plan de Dios para arreglar las cosas.

Momento de reflexión

1. ¿De qué manera la idea de Jesús como el cumplimiento de las prácticas del *Antiguo Testamento* impacta su comprensión del plan de Dios?

2. ¿De qué manera puede relacionar el cambio del cumplimiento externo a la transformación interna, como se discute en el contexto de las leyes del *Antiguo* y *Nuevo Testamento*, con su propia vida?

3. ¿De qué manera los cambios en los rituales del *Nuevo Testamento*, como la circuncisión, la Pascua y el sábado, influyen en la forma en que considera las prácticas cotidianas en su vida de fe?

4. Piense en las similitudes entre Adán y Jesús con respecto a la redención. ¿Cómo conecta esta idea con sus experiencias personales de gracia y perdón?

5. ¿De qué manera el concepto de que las promesas de Dios se cumplen en los acontecimientos del *Nuevo Testamento* influye en su esperanza y confianza en la fidelidad de Dios?

6. ¿Cómo influye en sus ideas sobre el perdón y la redención el hecho de ver a Jesús como el «cordero de Dios», el sacrificio supremo?

7. ¿Cómo se relacionan la gracia, el amor y la restauración de Dios con sus propias experiencias de crecimiento y renovación espiritual?

La conexión entre el *Antiguo* y el *Nuevo Testamento* es la de una entidad con dos partes que trabajan mano a mano para lograr un único objetivo, convirtiendo las promesas en cumplimiento, transformando las sombras en realidad, revelando las áreas rotas y defectuosas de la humanidad y arreglando lo que está mal a través de Jesucristo. El *Antiguo Testamento* prepara las cosas y el *Nuevo Testamento* las hace realidad. Es un hermoso canto a la gracia de Dios, a su amor y a la reparación de las cosas. El *Antiguo* y el *Nuevo Testamento* reflejan una imagen del antiguo y del nuevo yo.

Conclusión

Al llegar al final de este libro, debe reflexionar sobre el camino recorrido hasta ahora. No importa si empezó con preguntas difíciles, si tenía sed de conocimiento o simplemente se topó con este libro, su objetivo era hacer que su exploración de la Biblia fuera sencilla y agradable. En estas páginas encontró sabiduría intemporal, lecciones prácticas e historias perspicaces. Le han sido revelados muchos tesoros que podrían perderse fácilmente entre tantas palabras. Ahora, no solo lleva con usted información nueva, sino una conexión recién descubierta con la Biblia.

Ahora que recorrió los libros de la Biblia desde el *Génesis* hasta el *Apocalipsis*, ya no se trata de por dónde empezar; sino de valorar sus descubrimientos y construir sobre ellos. Aún queda mucho por descubrir, pero ahora más que nunca, está preparado para afrontarlo todo. Este libro no termina con una sola lectura; puede consultarlo siempre que necesite un repaso o una nueva perspectiva sobre ciertas cosas de la Biblia. No es la conclusión de su viaje, sino un peldaño hacia una comprensión más profunda de la palabra de Dios. La aventura continúa con cada reflexión, debate y encuentro personal con las Escrituras. Que los conocimientos adquiridos sean una fuente continua de alegría e inspiración en su exploración de las profundas enseñanzas que se encuentran en los versículos sagrados de la Biblia. Mantenga este libro siempre a su lado cuando busque orientación.

Mira otro libro de la serie

Referencias

Adam and Eve in the Garden of Eden - Bible Story. (2020, October 12). Bible Study Tools; Salem Web Network. https://www.Biblestudytools.com/Bible-stories/adam-and-eve-in-the-garden.html

Bible Summary - Genesis. (n.d.). Biblesummary.Info. https://Biblesummary.info/genesis

Guzik, D. (2015, June 19). Enduring Word Bible Commentary Genesis Chapter 1. Enduring Word. https://enduringword.com/Bible-commentary/genesis-1/

Duncan, L. (2001, April 1). The Third and Fourth Plagues: Gnats and Flies. Reformed Theological Seminary. https://rts.edu/resources/the-third-and-fourth-plagues-gnats-and-flies/

The Tenth Plague: the Sound of the Final Note. (n.d.). Reformedfellowship.net. https://outlook.reformedfellowship.net/sermons/the-tenth-plague-the-sound-of-the-final-note/?hilite=tenth+plague

What Was the Meaning and Purpose of the Ten Plagues of Egypt? (2013, December 31). Gotquestions.org. https://www.gotquestions.org/ten-plagues-Egypt.html

Hu, W. (2012). Unsupervised Learning of Two Bible Books: Proverbs and Psalms. Sociology Mind, 02(03), 325–334. https://doi.org/10.4236/sm.2012.23043

Mcleod, J. (2010, September 27). Wisdom in Adversity. Sermon Central. https://www.sermoncentral.com/sermons/wisdom-in-adversity-jonathan-mcleod-sermon-on-wisdom-150400

Psalms. (n.d.). Insight.org. https://insight.org/resources/ Bible/the-wisdom-books/psalms

Psalms Versus Proverbs Compare and Contrast - Free Comparison Essay Example, Compare and Contrast Paper. (2020, June 2). StudyMoose. https://studymoose.com/psalms-verses-proverbs-compare-contrast-new-essay

Turning Point. (2020, January 15). 15 Benefits to Reading Psalms and Proverbs. David Jeremiah Blog. https://davidjeremiah.blog/15-benefits-to-reading-psalms-and-proverbs/

Davisson, M. (2023, February 22). A Life-Changing Encounter for the Woman with the Issue of Blood. Cups to Crowns. https://www.cupstocrowns.com/blog/woman-with-issue-of-blood

Life of Christ - Events, Miracles, Teachings, and Purpose. (2015, April 17). NeverThirsty; Like the Master Ministries. https://www.neverthirsty.org/about-christ/life-of-christ/

The Life of Jesus: A Chronological Study. (n.d.). FaithGateway Store. https://faithgateway.com/blogs/christian-books/life-of-jesus-chronological-study

The Parable of the Sower of Seed - The Kingdom of God - Ccea - Gcse Religious Studies Revision - CCEA. (n.d.). BBC. https://www.bbc.co.uk/bitesize/guides/zd76rj6/revision/2

Understanding the Good Samaritan Parable. (2023, December 27). Biblical Archaeology Society. https://www.biblicalarchaeology.org/daily/archaeology-today/archaeologists-biblical-scholars-works/understanding-the-good-samaritan-parable/

What Is the Meaning of the Story of the Woman with the Issue of Blood? (2013, September 4). Gotquestions.org. https://www.gotquestions.org/woman-issue-blood.html

Aaron. (2017, February 22). Acts 10: Understanding the Meaning of Peter's Vision –. Path of Obedience. https://www.pathofobedience.com/scripture/acts/understanding-peters-vision/

Anderson, D. (2015, November 13). What Acts Teaches Us about Advancing the Gospel. Open the Bible. https://opentheBible.org/article/what-acts-teaches-us-about-advancing-the-gospel/

Carter, E. (n.d.). Acts: Lessons from the Early Church. Fervr.net. https://fervr.net/ Bible/acts-lessons-from-the-early-church

Ministries, R. (2024, February 22). Daily Devotional Library –. Today's Daily Devotional. https://todaydevotional.com/daily-devotional-library

Study 7 The Meaning of Pentecost. (2013, April 6). Words of Life Ministries CIO. https://www.wordsoflife.co.uk/ Bible-studies/study-7-the-meaning-of-pentecost/

Introduction to Colossians. (n.d.). ESV Bible. https://www.esv.org/resources/esv-global-study- Bible/introduction-to-colossians/

Ma, C. (2021, May 18). What is The Book of Romans About? Alabaster Co. https://www.alabasterco.com/blogs/education/what-is-the-book-of-romans-about

Willems, K. (2017, April 8). Who was the Apostle Paul? - a Brief Biography (what he did and wrote) —. Kurt Willems. https://www.kurtwillems.com/blog/apostle-paul-brief-biography

Ephesus - The Loveless Church. (n.d.). Lineage Journey. https://lineagejourney.com/read/ephesus-the-loveless-church/

Guthrie, N. (2022, May 11). 10 Things You Should Know about the Book of Revelation. Crossway. https://www.crossway.org/articles/10-things-you-should-know-about-the-book-of-revelation/

Hall, E. (1992). Revelation. Journal for the Study of the New Testament, 15, 125-125. https://doi.org/10.1177/0142064x9201504814

Laodicea — The Lukewarm Church Is Neither Hot nor Cold. (2020, August 23). NeverThirsty; Like the Master Ministries. https://www.neverthirsty.org/Bible-studies/evaluating-health-your-church/the-lukewarm-church-is-neither-hot-nor-cold/

Pergamos: The Compromised Church. (n.d.). Lineage Journey. https://lineagejourney.com/read/pergamos-the-compromised-church/

Revelation, Apocalypse, John, Patmos, Nero, Domitian. (n.d.). Ccel.org. https://www.ccel.org/ Bible/phillips/CPn27Revelation.htm

Townsend, A., Doubiago, S., Laux, D., & Scates, M. (1991). Books of Revelation. 8, 34. https://doi.org/10.2307/4021065

What does Revelation 1:20 Mean? (n.d.). Bibleref.com. https://www.Bibleref.com/Revelation/1/Revelation-1-20.html

(N.d.). Godversusreligion.com. https://godversusreligion.com/the-letter-to-the-corrupt-church-in-thyatira-revelation/

az Bible.com. (n.d.). List of Bible Prophets. Az Bible.com. https://www.az Bible.com/prophets-in-the- Bible.html

Kranz, J. (2019, October 3). The Beginner's Guide to the Prophets in the Bible. Overview Bible. https://overviewBible.com/prophets/

Talk, F. (2023, November 15). The Prophets of the Old Testament. Hopelify Media - Share The Good News. Christian. Hopeful. Relevant. https://hopelify.org/the-prophets-of-the-old-testament/

Theology of Work. (2012, September 29). Introduction to the Prophets. Theology of Work. https://www.theologyofwork.org/old-testament/introduction-to-the-prophets/

Fairchild, M. (2011, January 28). Historical Books. Learn Religions. https://www.learnreligions.com/historical-books-of-the- Bible-700269

Howard, D. M. (2022, December 21). Introduction to the Old Testament Historical Books. The Gospel Coalition. https://www.thegospelcoalition.org/essay/historical-books/

IF:Gathering. (2021, April 26). IF:Gathering. https://www.ifgathering.com/ifequip/studies/how-to-read-your- Bible/the-historical-books-of-the-old-testament/

The Historical Books in the Old Testament. (2021, January 1). Churchofjesuschrist.org. https://www.churchofjesuschrist.org/study/manual/come-follow-me-for-individuals-and-families-old-testament-2022/22-thoughts?lang=eng

The Old Testament Historical Books (Joshua through Esther): An outline. (n.d.). Bible.org. https://Bible.org/series/old-testament-historical-books-joshua-through-esther-outline

Connecting the Old & New Testament –. (n.d.). The Chara Project. https://www.thecharaproject.com/old-and-new-testament

Old and New Testament Connection. (n.d.). Bibleone.net. http://Bibleone.net/Old-and-New-Testament-Connection.htm

Schrock, D. (2020, September 10). The Relation of the Old and New Testaments. The Gospel Coalition. https://www.thegospelcoalition.org/essay/the-relation-of-the-old-and-new-testaments/

Theology of Work. (2013, December 6). Discovering a Link between the Old and New Testaments. Theology of Work. https://www.theologyofwork.org/the-high-calling/discovering-link-between-old-and-new-testaments/

Fuentes de imágenes

[1] https://www.pexels.com/photo/close-up-photo-of-Bible-4654082/

[2] https://www.pexels.com/photo/sun-eclipse-9647389/

[3] https://www.pexels.com/photo/monochrome-photo-of-flock-of-flying-birds-1386454/

[4] *Attribution-NoDerivs 2.0 Generic, CC BY-ND 2.0* <https://creativecommons.org/licenses/by-nd/2.0/> https://www.flickr.com/photos/44534236@N00/16895519109

[5] https://www.pexels.com/photo/close-up-shot-of-Biblia-versículo-5025563/

[6] *Attribution-NonCommercial-NoDerivs 2.0 Generic, CC BY-NC-ND 2.0,* <https://creativecommons.org/licenses/by-nc-nd/2.0/> https://www.flickr.com/photos/paullew/9304183235

[7] https://www.pexels.com/photo/ancient-temple-by-the-river-in-egypt-18934581/

[8] *Philip De Vere, CC BY-SA 3.0* https://creativecommons.org/licenses/by-sa/3.0, *vía Wikimedia Commons.* https://commons.wikimedia.org/wiki/File:The_Phillip_Medhurst_Picture_Torah_345._The_plague_of_locusts._Exodus_cap_10_vv_13-15._Jan_Luyken.jpg

[9] *Véase la página del autor, CC0, vía Wikimedia Commons.* https://commons.wikimedia.org/wiki/File:The_Sacred_Books_and_Early_Literature_of_the_East,_vol._2,_pg._208-209,_Anubis.jpg

[10] https://www.pexels.com/photo/text-on-a-white-paper-11506033/

[11] https://www.pexels.com/photo/close-up-shot-of-book-of-proverbs-11877603/

[12] https://unsplash.com/photos/man-kneeling-down-near-shore-bEbqpPeHEM4

[13] https://www.pexels.com/photo/delicious-honeycomb-filled-with-honey-8105066/

[14] https://www.pexels.com/photo/holy-family-figurines-6244101/

[15] *Attribution-NonCommercial-NoDerivs 2.0 Generic, CC BY-NC-ND 2.0* < https://creativecommons.org/licenses/by-nc-nd/2.0/>

https://www.flickr.com/photos/paullew/48112995663

[16] https://www.pexels.com/photo/wine-glass-with-red-wine-391213/

[17] https://www.pexels.com/photo/crucifix-illustration-208216/

[18] https://www.pexels.com/photo/man-and-people-in-jesus-christ-and-apostles-costumes-8958075/

[19] https://www.pexels.com/photo/newtestament-book-2565227/

[20] *Dnalor 01, CC BY-SA 3.0 AT* https://creativecommons.org/licenses/by-sa/3.0/at/deed.en, *vía Wikimedia Commons.* https://commons.wikimedia.org/wiki/File:Rom,_Vatikan,_Basilika_St._Peter,_Die_Taube_des_Heiligen_Geistes_(Cathedra_Petri,_Bernini).jpg

[21] *Attribution-NonCommercial-NoDerivs 2.0 Generic, CC BY-NC-ND 2.0* <https://creativecommons.org/licenses/by-nc-nd/2.0/> https://www.flickr.com/photos/paullew/7203069100

[22] https://commons.wikimedia.org/wiki/File:Bartolomeo_Montagna_-_Saint_Paul_-_Google_Art_Project.jpg

[23] https://commons.wikimedia.org/wiki/File:Rembrandt_-_Apostle_Paul_-_WGA19120.jpg

[24] https://commons.wikimedia.org/wiki/File:Lavinia_Fontana_Christ_and_the_Samaritan_Woman_at_the_Well.jpg

[25] https://www.pexels.com/photo/person-writing-on-white-paper-6860815/

[26] *cjh1452000, CC0, vía Wikimedia Commons.* https://commons.wikimedia.org/wiki/File:Nero-black.png

[27] *Rodhullandemu, CC BY-SA 4.0* https://creativecommons.org/licenses/by-sa/4.0, *vía Wikimedia Commons.* https://commons.wikimedia.org/wiki/File:15_Angel_with_long_trumpet_window,_St_Nicholas,_Halewood.jpg

[28] https://www.pexels.com/photo/the-old-testament-in-the-Biblia-2565226/

[29] https://www.pexels.com/photo/a-book-with-a-page-open-to-a-page-with-text-19030919/

[30] https://www.pexels.com/photo/page-of-the-bible-20430380/

[31] https://www.pexels.com/photo/paintings-on-the-church-indoor-walls-8349022/

[32] https://www.pexels.com/photo/texts-on-a-Bible-in-close-up-photography-6241862/

[33] https://www.pexels.com/photo/grayscale-photo-of-a-person-reading-a-Bible-5206035/

[34] https://www.pexels.com/photo/a-person-holding-a-bible-5199801/

[35] https://www.pexels.com/photo/jesus-christ-stained-glass-46154/

[36] *LMP 2001, CC BY-SA 4.0* https://creativecommons.org/licenses/by-sa/4.0, *vía Wikimedia Commons.* https://commons.wikimedia.org/wiki/File:Holy_Spirit_Manila_Cathedral_2024-05-19.jpg

www.ingramcontent.com/pod-product-compliance
Lightning Source LLC
Chambersburg PA
CBHW071518120626
46550CB00006B/2264